すごい真言

著
小瀧宥瑞

イラスト
悟東あすか

フォレスト出版

はじめに

真言《しんごん》とは、読んで字のごとく「真《まこと》の言葉」です。

では「真の言葉」とは何か。

それは、仏さまの言葉であり、発せられる音ということです。

多種多様な尊格には、それぞれの仏さまの真実の言葉である真言が具《そな》わっています。その真言を唱えることにより、仏さまの聖なる力が修行者の中に生み出され、仏と一つになると言われています。

中でも、9世紀初頭に弘法大師空海《こうぼうだいしくうかい》によって日本にもたらされた密教では、「真言は修行をする上で最も重要な言葉」とされています。

私は高野山真言宗の阿闍梨《あじゃり》（密教僧のこと）として日々修行を積んでいますが、聖なる言葉である真言は、古くは仏教の修行のために我々のような僧侶《そうりょ》が用いるものでした。

弘法大師空海が記した『大日経開題』という書の中に、このような一文があります。

「口を開き声を発すれば真言《しんごん》にして罪を滅し、手に挙げ足を動すれば印契《いんげい》にして福を増す」

我々真言宗の阿闍梨にとって、真言とは何かと問われれば、この一文に尽きます。

弘法大師空海が「口を開いて声を出せば、真言といわれるものによって罪を滅することができる」とおっしゃっているのなら、「そうなのだ」と捉えているのです。

ただ多くの方は、修行をしたいために本書を手にしたつもりはないでしょう。

お墓参りなどでお寺のご本尊にふと興味をもたれて「真言って、いったい何だろう？」と思われたのかもしれません。

動画投稿サイトで真言が長時間繰り返されている音源をそれとなく聴いて、興味をもったのかもしれません。

ネットで気になる仏さまの真言を調べたら、さまざまな功徳《くどく》が書いてあり、「願いが叶《かな》う呪文《じゅもん》」として興味をそそられた方もいるかもしれません。


そもそも真言は古代インドを起源としており、人びとが神仏を讃《たた》え、祈りを捧《ささ》げるときの呪文として捉えられていた側面もあります。

病を癒《い》やしたり、毒蛇などから身を護《まも》るための願掛けなど、誰もが唱えることができ、生活を守るものであったはずなのです。

古来日本においても、真言を唱えることで、悩みや苦しみから解き放たれるという真言の力が信じられてきました。

私たち日本人は、初詣《はつもうで》や厄《やく》除《よ》け祈願、あるいは法事やお寺巡りなどで、折に触れて神社仏閣へ参拝します。

その際、境内に真言が書かれた貼《は》り紙や、真言の梵字《ぼんじ》が彫られた石碑などを目にしたり、お堂で僧侶が唱えているのをそれとなく聞いたことがあるのではないでしょうか。

真言は、仏に成《な》るための、つまり悟りに至るための厳かな修行の一つであると同時に、人びとの願い、招福、延命、病気平癒《へいゆ》、安産、商売繁盛、出世などの現世利益《げんぜりやく》を叶える加持祈祷《かじきとう》としても浸透してきたのです。

近年は神社仏閣巡りや仏像鑑賞が人気を集め、仏像の見た目のカッコよさ、素晴らしさに目を向ける方が増えています。

しかし、それだけで済ますのでは、もったいありません。真言は私たち一人ひとりが、仏さまの宇宙と直接つながることができる特別な言葉です。

真言は、音そのものに神秘的な力が宿っているとされています。

この現代においても、救いを求める人々は大勢いるでしょう。

生き方に迷うとき、不安や苦しみを抱えているとき、そのようなときこそ、**意味はわからなくても、神仏を信じて、真言を繰り返し唱えてみてください。**

真言の持つ不思議な力により、さまざまな災いが取り除かれるでしょう。

本書は真言についての入門書として、日常で真言に気軽に触れ、諸仏の存在に親しんでいただくきっかけとして作られました。
あなたが本書を通して、深遠な真言の世界に一歩を踏み出し、神仏の功徳をお借りするお手伝いができましたら幸いです。

目次

はじめに——1

第1章
なぜ「真言」は人生に効くのか？
11

「真言密教」とは何か？——12
真言を唱えることで悟りの道が開く——16
真言を唱えることは宇宙と一体化すること——19
真言は仏さまの「母国語」——22
真言はどのようにして伝えられてきたか？——24
真言は怖いもの？——27

第2章
真言の意味を知ることが無意味なわけ
29

真言の〝本当の意味〟は言葉にできない——30

コラム　光明真言と光明真言和讃 —— 37
真言の意味は知らないほうが願いは叶う？ —— 41
コラム　菩提心 —— 44

第3章

神仏を知って願いを叶える

真言で「現世利益」を求めていいのか？ —— 48
諸仏の頂点に君臨する「如来」 —— 52
人びとを救うために行動する「菩薩」 —— 54
愛のムチで威嚇してでも人を救おうとする「明王」 —— 56
スピーディーに願いを叶えてくれる「天部」 —— 58
お参りしてはいけないタイミング —— 65
コラム　修行における第一の壁
「胎蔵の不動明王の真言」 —— 67

第4章

神仏の真言セレクション

●「真言」の世界に入ろう――70
●普礼真言――72
●大日如来――74
●阿閦如来――76
●宝生如来――78
●阿弥陀如来――80
●不空成就如来――82
●薬師如来――84
●釈迦如来――86
●仏眼仏母――88
●聖観音菩薩――90
●千手観音菩薩――92
●馬頭観音菩薩――94
●十一面観音菩薩――96
●准胝観音菩薩――98
●不空羂索観音菩薩――100
●如意輪観音菩薩――102
●白衣観音菩薩――104
●大勢至菩薩――106
●普賢菩薩――108
●文殊菩薩――110
●弥勒菩薩――112
●虚空蔵菩薩――114
●地蔵菩薩――116
●般若菩薩――118

不動明王――120
降三世明王――122
軍荼利明王――124
大威徳明王――126
金剛夜叉明王――128
烏樞沙摩明王――130
愛染明王――132
孔雀明王――134
太元帥明王――136
両頭愛染明王――138
三宝荒神――140
梵天――142
帝釈天――144
訶梨帝母――146
毘沙門天――148
吉祥天――150
閻魔天――152
弁才天――154
大黒天――156
摩利支天――158
龍神（諸龍）――160
大聖歓喜天――162

第5章 日々の真言の唱え方

165
願いが叶う真言の唱え方――166
毎日唱える習慣をつけるのがベスト――171

姿勢と呼吸に意識を向けよう――175
実践　5段階の真言の唱え方――178
どっぷり三昧の世界に入る――182
真言を聞く――184
コラム　空海も修行した、無限の記憶力を得る「虚空蔵求聞持法」をやってみた――186
おわりに――190

ブックデザイン　小口翔平＋後藤司＋青山風音（tobufune）
イラスト　悟東あすか
本文DTP　キャップス
フォント処理　芝山綾乃
校正　広瀬泉
執筆協力　林美穂

第1章

なぜ「真言」は人生に効くのか？

「真言密教」とは何か？

真言とは、真言宗の開祖である弘法大師空海が唐で授かった、密教では必ず唱える聖なる言葉であり、「真言宗」の呼称のとおり、真言を唱えることをもっとも重んじた修法になります。

そもそも仏教は、今から2500年ほど前にインドで仏陀《ぶっだ》が悟りを開いたことを出発点としています。

仏陀とは「目覚めた人」という意味です。

「目覚めた人」というのは、この世の真理を悟った人ということになります。仏陀は、病気や死、老い、恐怖といった、人間が陥る心の悩みや苦しみを手放し、いかに完全な人格を作るかという方法を説きました。

仏教は、やがて中央アジア、中国、モンゴルなどに伝わり、朝鮮半島を経由して、

6世紀頃日本に伝来したとされています。

弘法大師空海によって開かれた真言宗は、平安時代初期の9世紀頃にかけて日本にもたらされます。

弘法大師空海は、当時現地で最先端であった密教を修めて、帰国後早々、京都の東寺《とうじ》を布教の場、和歌山県の高野山《こうやさん》を修行の場として、鎮護国家《ちんごこっか》と人びとの苦難を救うために真言密教を広められました。

密教の〝秘密の教え〟とは？

密教と聞くと、謎《なぞ》めいた秘儀のようなイメージを持たれる方もいるでしょう。

実際、文字通り仏教の〝秘密の教え〟であり、お釈迦《しゃか》さまがおられた頃にはすでに存在し、徐々に体系化され、8世紀ごろには中国やチベットに伝わっていました。

仏教は「成仏すること」イコール「仏に成《な》ること」を目標にしています。

それは真言密教でも変わりません。

仏教ならどんな宗派でも究極の目的は「仏の悟り」です。

なぜ成仏したいかと言えば、六道輪廻《ろくどうりんね》があまりに苦しみに満ちているからです。

六道とは「地獄」「餓鬼《がき》」「畜生」「阿修羅《あしゅら》」「人間」「天界」のことです。この中で人は輪廻すると考えます。つまり、生まれ変わり、死に変わりを繰り返すというのは、どこをとっても苦しみが付いて回ります。

天界は、弁才天《べんざいてん》、毘沙門天《びしゃもんてん》というように、名前の最後に「天」がつく神さまである天部のいらっしゃる世界です。

「神さまになっても苦しいの？」と不思議に思う方もおられるでしょう。

生死や病、老いの四苦八苦《しくはっく》に苦しむ人間の世界に比べれば、苦が少なく楽の多い世界ではありますが、じつは、天部の神さまにも寿命があります。

人間の寿命と比較にならないほど長いものですが、永遠ではありません。

もしかするとこの瞬間も「いつこの命は尽きるのだろう……」「次は六道のどこに生まれ変わるのだろうか……」と、我々人間と同じように苦しんでいらっしゃるかもしれません。

そういった生死の苦しみが付いて回るのなら、やっぱり輪廻から完全に抜けたほうがいい。仏になれば、一切の苦しみから逃れて、安楽の境地に至ることができるからです。

そこで弘法大師空海が伝えた「密教」では、**即身成仏**《そくしんじょうぶつ》を説いています。これはわかりやすく言えば、**「生きながらにして、この身このままで仏に成れる」**ということです。

この考え方はこれまでの仏教の教えと大きく異なるものであり、それこそが密教の〝秘密の教え〟なのです。

真言を唱えることで悟りの道が開く

「この身のままで即《すみ》やかに仏になる」という考え方は、「即身成仏」と言って、弘法大師空海が非常に重視していた教えです。

言葉だけ聞くと、頭の中が「？」となるかもしれませんが、実は、真言を唱えることは、即身成仏につながっています。

悟りを開くための「三密《さんみつ》」の修行

生きながら悟りを開くための基本の修行として、密教には身口意《しんくい》を表す**「三密」**という修行があります。

「身密」＝体で印を結ぶこと
「口密」＝まさに真言のこと
「意密」＝仏さまをイメージしてその世界に入る「観想《かんそ》」と言われるもの

つまり、印（手指をもってつくる種々の形）を結び、真言を唱え、心に仏の境地をイメージすることで、仏さまに同調し、「自分自身が仏そのものになる」ことを目指すのです。

人間も「体」「言葉」「心（思い）」の3つの働きで構成されていますから、三密を完璧に行うことができれば、仏さまと自己の一体化が完成する、すなわち成仏するということなのです。

さらっと解説しましたが、これらを行うことは容易ではないことはわかるでしょう。

仏さまはたくさんいらっしゃるし、結ぶことが難しい印もたくさんありますし、真言もスラスラ唱えられるようになるには、かなり練習する必要があります。仏さまの境地をイメージするというのもなかなかつかみにくいものです。

実際、三密を行うことは、きちんと僧侶として修行をして、師から許可を得た者のみ伝授を受けられる専門性の高い修行です。

となると、「僧侶にならないと即身成仏を目指すことはできないのか？」と思うかもしれません。

当然ながら、誰もが僧侶になりたいわけでないでしょうし、それぞれ仕事や家庭もあるはずです。

在家の方や、何かをきっかけにして密教に興味をもった方はどうすればよいか。

古来より、僧侶ではない在家の方には、三密のうち、一密の修行をさせています。

三密の中の一つを熱心に学ぶことで成仏への道が開ける「一密」という教えがあります。その一密が「口密」にあたり、それこそが真言を唱えることなのです。

真言を唱えることは宇宙と一体化すること

真言宗の中心であり、もっとも位の高い仏さまは**大日如来**《だいにちにょらい》です。

たとえば、薬師如来《やくしにょらい》や観音菩薩《かんのんぼさつ》、不動明王《ふどうみょうおう》など、誰しもが一度は名前を聞いたことがある仏さまは、大日如来が姿を変えたものだと考えられています。

もっと言えば、ほかの仏さまはもちろん、森羅万象は、大日如来から生まれたと考えられています。つまり、大日如来は、我々の住む地球、太陽系、銀河系、さらには今あなたを照らす光や風など、それら事象のすべてをひっくるめた全宇宙そのものなのです。

真言は、真《まこと》の言葉であり、すべてが大日如来の言葉、音です。

そうなれば、どれだけ驚異的な力を持つ言葉であるかと思いませんか。

そして、**真言を唱えることとは、「仏さまの言葉を話す」ということであり、それをするあなたは「仏そのものに成る」ということ。**

言い換えれば、真言を唱えることにより、人は宇宙と一体化する。

すなわち**大日如来と一体化**することになるのです。

仏さまは日常のあらゆる場所に遍在する

「大日如来は宇宙そのもの」


この密教的な考え方は、「日常の暮らしの中のどこにでも仏さまはいらっしゃる」と捉えることができます。

寒い朝、あなたが駅に歩いて向かう途中、陽《ひ》の光がさんさんと輝いてぽかぽかと体を温めてくれて「ありがたい。今日も一日頑張ろう」と感じたとしましょう。

それは陽の光という形で仏さまが顕《あらわ》れたことにあなたが気づいたからです。同じような朝でも、遅刻しそうで焦っていたら、お日様のことなんてどうでもよくて、気づかないこともあるでしょう。

そんなふうに、仏さまは常に我々に気づきを与えるアクション、つまり説法《せっぽう》をしています。

さっきまで雲一つない快晴で青空が広がっていたのに、急に雨雲が立ち込めて雷雨になったとしましょう。

単なる気象の変化とだけ捉える人もあれば、「穏やかだったり、荒れてみたり、天気は人生と同じだな」とふと思ったりする人もいるかもしれません。

満員電車で誰かに足を踏まれたとき、とっさにムッとして睨《にら》み返す人もいれば、相手はわざとじゃない、うっかりすることは自分にもある、お互い様……と、気づいて「大丈夫です」と笑顔を返す人もいる。そうなれば心が波立つことはありません。

自分の捉え方次第で、どこにでも仏さまはいて、あなたに説法をしてくださっています。我々は常に仏さまという無限の宇宙に包まれているのです。

真言は仏さまの「母国語」

日本で唱えられている経典のほとんどは、インドの経典が中国を経て日本に伝わりました。一般的に経典とは、お釈迦さまが説いた教えを記録した書物を指します。経典はすべて漢字で記述されていますが、もともとは漢字ではなく、漢訳されたからこそ漢字で記述されているわけです。

しかしその漢字の中に漢訳されなかった箇所があります。それが真言です。**真言はサンスクリット語の発音がそのまま写されました。**

真言は何より聖なる仏の言葉であるため、漢語に置き換えることはできません。そのため便宜上、サンスクリット語の音を漢字にあてはめて記述したのです。

お経は仏教の教えや規律を論理的に記している文章なので、翻訳したり解読することができます。一方、**真言は神仏に呼びかける聖なる言葉であり、特に日本では解釈**

を求めることは無意味とされています。

音そのものに仏さまの不思議な力、真言の力が宿っているので、原音をそのまま唱えることで、言葉のもつ力により功徳が得られるとされているのです。

高野山は世界遺産に登録されていることもあり、外国人の観光客の方も多くいらっしゃいます。たとえ流暢《りゅうちょう》ではなくても、挨拶程度でも、その方たちの母国語で会話を交わすほうがこちらの歓迎の気持ちが伝わるように思います。

自身に置き換えてみれば、言語の通じない国で、後ろから日本語で「こんにちは！」と呼ばれたら、すぐに振り向いてしまいますよね。真言もそれと同じです。

真言は仏さまの母国語であり、古来の音をそのまま唱えるからこそ伝わりやすく、スピーディーに願いが通じるという考え方が古くからあるのです。

仏さまからすると、自分の母国語で呼びかけてくれて、頼りにされるというのは嬉しいし、気分も盛り上がる。我々にとっては真言を唱えることで、神仏を称賛し、喜ばすことができて、願いが叶《かな》いやすくもなるということなのです。

真言はどのようにして伝えられてきたか？

真言宗は、現世利益《げんぜりやく》を仏に祈る加持祈祷《かじきとう》の本家ともみなされている宗派です。

現在、真言宗には18の枝分かれした宗派があります。

私は高野山真言宗と言われる宗派に属す阿闍梨《あじゃり》です。

しかし、真言宗のどの派に属していたとしても、その教えの大元を辿れば弘法大師空海の教えに行きつきます。

そのように、真言宗では、弘法大師空海の教えから綿々と継承されている「伝統」というものを大切にしています。

真言について言えば、本来は、師と弟子がしっかり顔を合わせて、師が声で唱えて、弟子が耳で聞き、口で唱えたものを師が確認することで授けられる「面授《めんじゅ》」という形をとることを重んじています。

一般の方に対しても、真言を唱えることは「一密」という修行になりますから、阿闍梨が真言をお授けすることを、真言宗は昔から行っていたりもします。

なぜならお伝えしたように、真言は、仏さまの発する真の言葉であり、もともと文字があったわけでなく、音があっただけです。それを人々へ広める過程で表記する必要が出てきたから、梵字《ぼんじ》が生まれ、日本に入ってきたときも、便宜上、カタカナ表記されたものだからです。

そのおかげで我々は本やネットで真言を「読む」ということができるわけですが、大元はテキストなどありませんでした。その根本を尊重しているのです。

つまり、インターネットで仏さまの真言を検索したり、本を開いて吸収する行為は、厳密には「伝統」からは外れているということになります。

ゆえに本書では、直接私が真言をお授けすることにはなりませんが、皆さんのきっかけになればと願っています。我々阿闍梨が唱える真言を耳で聞いて教えてもらう機会があれば、動画サイトなどではなく、リアルに触れていただきたいと願います。

真言はカタカナやひらがなで書いてありますから、そのまま読めるとしても、どこで切って読めばいいのか、どういう抑揚で読めばいいのか、悩む方もいるでしょう。現在は、動画投稿サイトなどで実際に音を聴くことも可能ではありますが、面と向かって阿闍梨が唱える真言を聞くことは、発声の方法や繰り返し唱えるときのコツ、姿勢といったことがわかりますから、非常に有意義です。

たとえば、真言宗のお寺さんを検索していただくと、さまざまな法要の案内がされていたりします。そういった場に立ち会って、僧侶と一緒に真言を唱えることは、真言を授かる一つの方法といえるでしょう。

東寺真言宗の総本山である京都の東寺では、朝6時から「お舎利《しゃり》さん」と親しまれる生身供《しょうじんく》のお務めにお参りできます。朝のお務めでは、阿闍梨はさまざまな仏さまの真言を唱え繰り返します。

真言をたくさん唱えることを、念誦《ねんじゅ》と言いますが、私自身、「念誦会」というひたすら真言を念誦するイベントを開催したり、護摩法要《ごまほうよう》でも皆さんとご一緒に真言を念誦しています。

真言は怖いもの？

真言は宇宙の真理につながる秘密を持っているからこそ、密教の真言は師資相伝《ししそうでん》であり、間違った使い方をすれば、身を滅ぼすほどの力がある——。

このように言われることもあり、「真言は怖いもの」というイメージを持っている方もいるかもしれません。

しかし、ご安心ください。

これは、あくまでも我々のような阿闍梨の場合の話であって、一般の方には当てはまりません。

前述しましたが、**真言は「伝統」を大事にしているので、お授けされたものを一言一句、言い回しもそのままの形で使うというルールがあります。**

私が授かった真言は結構な数がありますが、授かってないものは、当然、わかりませんし、万が一、書物などで知ったとしても使えません。

何が身を滅ぼすかと言えば、代表的な話は、天部《てんぶ》を拝むときのことでしょう。もし授かっていない真言や、自分でアレンジした真言を唱えようものなら、向かい合ったときに、どうなるか。

想像するのも恐ろしいものがあります。

天部は、まだ悟りに至っておらず、人間と同様の悪心《あくしん》をもった神さまだからです。

身を滅ぼすことを「障礙《しょうげ》がある」と言いますが、これは悟りの道を邪魔する何かが起こりかねないということです。仏の道を歩む我々からすると、授かった真言以外の真言は唱える気さえ起こりません。

第2章

真言の意味を知ることが無意味なわけ

真言の〝本当の意味〟は言葉にできない

真言は一つひとつの単語から意味するところを知ることよりも、唱えることが大事だとお伝えしました。私の念誦会のイベントでも、その真言に、どのような意味があるかを解説することはありません。

とはいえ、必ずと言っていいほど「どういう意味なのでしょうか？」と質問をいただきます。言葉の意味を知りたいと思うのは人の性《さが》というものかもしれません。

では、光明《こうみょう》真言を例に、その意味をひもといてみましょう。

光明真言は、さまざまな不幸事や災いから身を守ってくれるとされており、古く民間にも伝わる密教の真言の一つです。我々阿闍梨《あじゃり》も、お通夜やお葬式、納骨やお墓参りなど法事で多用する真言でもあります。

オン アボキャ ベイロシャノウ マカボダラ マニ
ハンドマ ジンバラ ハラバリタヤ ウン

これらの単語一つひとつを分解して意味を見てみましょう。

「オン」＝帰命《きみょう》（帰依します）
「アボキャ」＝不空《ふくう》
「ベイロシャノウ」＝光明遍照《こうみょうへんじょう》（毘盧遮那如来《びるしゃなにょらい》を表し、大日如来のこと）
「マカ」＝大
「ボダラ」＝印《いん》（マカボダラで大印：五色の光明の印のこと）
「マニ」＝如意宝珠《にょいほうじゅ》
「ハンドマ」＝蓮華《れんげ》
「ジンバラ」＝光明
「ハラバリタヤ」＝放ちたまえ
「ウン」＝種子《しゅじ》

真言のほとんどが日本語のような文章ではないので、一つひとつの単語から意味を感じて、その真の言葉からイメージを膨らませた方がわかりやすいかもしれません。

私は、「大日如来さま、五色の大光明を照らしたまえ」のように、単語の意味というよりは、まるで風景のような、その場面、空間をイメージするようにしています。

仏さまの五色の光明によって亡者も救われる

もう少し詳しく説明すると、真言にはそれに対応する「印契《いんげい》（印）」というものがあります。仏像が手指で示している特殊な形を思い浮かべてみてください。それが印《いん》といわれるものです。

仏さまが印を結ぶと、手から五色の大光明が放射線状に照らし広がります。その功徳を印だけではなく真言でも表しています。

五色は、黄色、白色、赤色、黒色（紺や紫）、青色です。

黄色の光は、地獄に落ちた亡者を照らす光であり、地獄の苦しみを和らげます。

白色の光は餓鬼道、餓鬼の世界に落ちた亡者を照らす光であり、悟りの境地に導く力を持っています。

赤色は、畜生の世界に落ちた亡者を照らす光であり、残忍な心、悪心を除きます。黒色の光は、我々人間を照らす光であり、生老病死、四苦八苦と言われる人間の苦しみを取り除きます。

青色は十方《じっぽう》といって十の方角（東西南北の四方、東南、西南、西北、東北の四維、上下の二方向）をどこまでも照らし、天人や、諸鬼神に菩提心《ぼだいしん》を起こさせる光。つまり、天部はまだ悟りに至っていない存在のため、悟りに至るための心を起こさせる光を照らす必要があるのです。

光明真言は、仏の功徳がみっちり凝縮されている、とてつもなく強力な真言と伝えられています。だからこそ亡者を救いに導くことができるわけで、密教の呪術的な力を秘めている真言と言えます。

この真言を唱えると、仏教でいうところの「滅罪」、まずは自分の罪を滅する祈りの力が働きます。罪を「闇」として見ているのです。続いて、仏さまの光をどこまでも照らすことで、すべての闇、つまり罪障が消滅します。やはりここでも大光明に照らされていることをイメージするといいでしょう。

光明真言は、単語一つひとつの意味が比較的わかりやすい真言です。しかし多くの真言は、仏教を専門的に学んでいても頭をひねりたくなるような意味不明な翻訳言葉が出てくることのほうが多かったりします。伝統的に伝えられていても、阿闍梨によって意味に違いがある箇所も存在します。

加えて、**こうして言葉の意味を知ったところで、大日如来の宇宙レベルの叡智《えいち》やご加護《かご》のすさまじさを完璧に表現することは困難です。**

それゆえ、意味を知ることよりも、真言を何度も唱えて仏さまにまっすぐに祈りを届けることが大切だとされているのです。

光明真言を唱えて亡きペットを供養する

光明真言をどんなときに唱えるか。

いつどんな場所で唱えてもかまいませんが、昔から伝わることとして、私の寺のような山間部ですと、道端で野生のタヌキやキツネといった動物の亡骸《なきがら》を目にすることがよくあります。現代は伝染病などへの警戒もあり、その亡骸を穴を掘って葬る人は少なく、可哀想だなと思いつつ見逃してしまうことが多いでしょう。

そういうときに、亡き動物のために光明真言を唱えることが供養になります。

家族同様に可愛がっているペットが亡くなってしまったとき、いまはペットの葬儀などもあり、僧侶にお経を唱えてもらって供養する方も多い時代ですが、それとは別に光明真言を唱えてあげると、仏さまの光明をもって救いの世界に導いていただくことができます。

また、私が高野山高校時代に先生から聞いた話では、夜道で魔物の気配、何か嫌な感覚になったときに、この光明真言を唱えると、大光明がこの闇を照らすことから、嫌なもの、怖いものはたちまちにいなくなると伝えられました。

なお、光明真言は、その真言の中に仏さまのお名前が含まれています。「ベイロシャノウ」の部分です。大日如来のことですので、五色の光明を照らしているという意味で、光明真言をあえて5回唱える阿闍梨も多いです。

コラム

光明真言と光明真言和讃

光明真言はどなたの真言なのか。明記しなかったのは、諸説あるからです。

この真言は、もともと『不空羂索経《ふくうけんじゃくきょう》』と呼ばれる経典に載っているので、「不空羂索観音の真言」と紹介されている書籍などもありますが、基本的には、大日如来が多いです。しかし阿弥陀如来《あみだにょらい》を本尊とされていることもあります。

こういう説の違いというのは、密教の中には流派があるため、それぞれの流派により、どの仏さまを本尊とするかという歴史上の違いから生まれています。どれも正しく、どれも間違いではありません。どの仏さまも本尊も辿れば大日如来に行きつくという点では同じことを言っています。

では、なぜ本尊も不確かなものなのに「光明真言なら知っている」という方が多いのか。それは、『光明真言和讃《わさん》』というものが民間に広まったためという言い伝えがあります。

私は蓮乗院《れんじょういん》の53代目住職になりますが、初代開山した住職は鎌倉の極楽寺におりました。極楽寺は現在では真言律宗という宗派のお寺で、拠点となる本山は奈良の西大寺というお寺です。「奈良の大仏」で有名な東大寺に対するお寺です。

極楽寺を開山した初代の忍性《にんしょう》と、その師僧の叡尊《えいそん》という僧侶が、おそらく奈良にいた頃に「光明真言とはこういう意味です」という『光明真言和讃』を作られ広めたのではないかと考えられています。

ということで、光明真言を唱える人もいれば、あえてこの『光明真言和讃』を唱える方もいます。難しい言葉もあると思いますが、一度唱えていただけたらと思います。

【光明真言和讃】
帰命頂礼大灌頂《きみょうちょうらいだいかんじょう》　光明真言功徳力《こうみょうしんごんくどくちから》
諸仏菩薩の光明を　二十三字に蔵《おさ》めたり
「おん」の一字を唱うれば　三世《みよ》の仏にことごとく
香華燈明飯食《こうげとうみょうぼんじき》の　供養の功徳具《そな》われり

「あぼきゃ」と唱うる功力《くりき》には　諸仏諸菩薩《しょぶつしょぼさつ》もろともに
二世《にせ》の求願《ぐがん》をかなえしめ　衆生《しゅじょう》を救け給うなり
「べいろしゃのう」と唱うれば　唱うる我等が其《そ》のままに
大日如来の御身《おんみ》にて　説法し給う姿なり
「まかぼだら」の大印《だいいん》は　生仏不二《しょうぶつふに》と印可《いんか》して
一切衆生をことごとく　菩提の道にぞ入れ給う
「まに」の宝珠《ほうしゅ》の利益には　此世《このよ》をかけて未来まで
福寿意《ふくじゅこころ》の如くにて　大安楽の身とぞなる
「はんどま」唱うるその人は　いかなる罪も消滅し
華の台に招かれて　心の蓮《はちす》を開くなり
「じんばら」唱うる光明に　無明《むみょう》変じて明《みょう》となり
数多《あまた》の我等を摂取して　有縁《うえん》の浄土に安き給う
「はらばりたや」を唱うれば　万《よろず》の願望成就して
仏も我等も隔てなき　神通自在の身を得べし
「うん」字を唱うる功力《くりき》には　罪障《ざいしょう》深きわれわれが

造りし地獄も破られて　忽《たちま》ち浄土と成りぬべし
亡者のために呪《しゅ》を誦《じゅ》じて　土砂をば加持し回向《えこう》せば
悪趣《あくしゅ》に迷う精霊《しょうりょう》も　速得解脱《そくとくげだつ》と説きたまう
真言醍醐《だいご》の妙教《みょうきょう》は　余教超過の御法《みのり》にて
無辺の功徳具われり　説くともいかで尽くすべき
南無大師遍照尊《なむだいしへんじょうそん》　南無大師遍照尊　南無大師遍照尊

真言の意味は知らないほうが願いは叶う？

真言の意味を知らなくてもよい理由が、もう一つあります。

地蔵菩薩《じぞうぼさつ》の有名な真言に、**「オン　カカカ　ビサンマエイ　ソワカ」**とお唱えする短い真言があります。

こちらの真言の中で「カカカ」と同じ音を繰り返す、特徴的な部分があります。この「カカカ」という音は、古来より笑い声だと伝えられています。我々が「ハハハ」と笑うときの音と同じようなものと考えていいでしょう。

この話を聞いて、一語一語の意味を知ると、「地蔵菩薩の真言は笑い声の真言なんだ」と大抵は思うのではないでしょうか。「笑顔になる」真言という解釈は良いイメージではありますが、じつはこの真言の意味を知ろうとしたばかりに、もったいないことが起きています。

なぜもったいないのか。

「お地蔵さん」というと可愛らしいイメージがありますが、あくまでも菩薩であり、本来その功徳は果てしなくハイパーなもの。

当然「笑い」だけではありません。

弘法大師空海は、『般若心経秘鍵《はんにゃしんぎょうひけん》』の中でこのように説いています。

真言は不思議なり　観誦《かんじゅ》すれば無明《むみょう》を除く
一字に千里を含み、即身に法如《ほうにょ》を証《しょう》す

「真言は不思議なものである。仏さまをイメージしながら真言を唱えれば、心の闇が除かれる。一字一字の真言は、はかりしれないほど多くの真理を含み、この身このままで悟りを得ることができる」

注目していただきたいのは、冒頭から**「真言は不思議なものである」**と弘法大師空海は言い切っていることです。

意味を知りたいと思うのは、その真言が何に使えるかを気にしているからでしょう。それが良い、悪いではなく、**意味を知るために翻訳することで、本来「不思議なもの」であるはずの真言の神秘的な力が断定的になり、止まってしまいます。**それゆえ、意味を知る必要はない。それが弘法大師空海の教えと私は考えています。

ここまで真言について、その意味について少し触れましたが、知れば知るほど、真言の御力に、単語の意味という限界を作ってしまうのではないでしょうか。

弘法大師空海も「一字に千里を含む」と仰っています。その不思議な御力は言葉だけで、そのすべてを解き明かすことはできないでしょう。

真言を学術研究の対象としている方や、我々阿闍梨も知識としてその意味を学ぶ必要がありますが、**もし、あなたが神仏の不思議な力をお借りしたいとか、ご縁を観じる神仏の真言を唱えたいと思うのなら、むしろ意味にこだわらないほうがストレートに神仏に想いが届き、人智を超えた不思議な御力を与えてくださるでしょう。**

コラム　菩提心

菩提心《ぼだいしん》というのは、悟りを求める心、仏になりたいと思う気持ちを持つことです。もっとかみ砕いて言えば、人のお役に立てるような人間になれるよう成長したいといった気持ちにもつながるものと言えるでしょう。

菩提心の「菩提」は、菩提寺の菩提です。菩提寺は、先祖代々のお墓や位牌《いはい》を納めている寺院のことを指します。そのお寺をきっかけとして、仏縁をいただき、仏さまに導いていただいているという意味になります。

「仏教の花といえばなんでしょう」と質問しますと、ほとんどの方が蓮華《れんげ》と答えることが多いです。蓮華が悟りの象徴だからです。

蓮華の花が咲く前は茎が伸び、葉が大きく成長し、つぼみを付けたりしますが、大元には当然種があります。その種こそが菩提心なのです。

蓮《はす》は泥の中で育ち、花を咲かせます。最初の時点でその種は泥の中に宿っています。その泥は、我々の世界でいうと、迷い、煩悩を表しています。多くの方は悟りに至るには邪魔なものと考えます。そんな中に種があるのですから、大切に育てる必要があります。

葉っぱが水面に茂りすぎて、茎に光が当たらないと枯れてしまうとなれば剪定《せんてい》したり、変色した茎や茶色くなった葉は早めに取り除き、株元にまで日が当たるようにしたり……。それが修行にあたります。修行をすることで、どんなに汚れた泥の中からも大輪の蓮華を咲かせることができる。その種は、必ず誰しもが心に宿している。

修行法というのはそれこそ宗派によってもさまざまですが、真言を唱えることはその一つです。真言を唱えることで、自分の心の蓮華の種を育て、大輪の花を咲かせることにつながります。

自分の菩提寺の本尊の真言を覚えることから始めて、余裕があれば、その本尊さんの脇にお祀《まつ》りされている仏さまの真言を唱えることも素晴らしい仏さまとの向き合い方になるでしょう。

第3章

神仏を知って願いを叶える

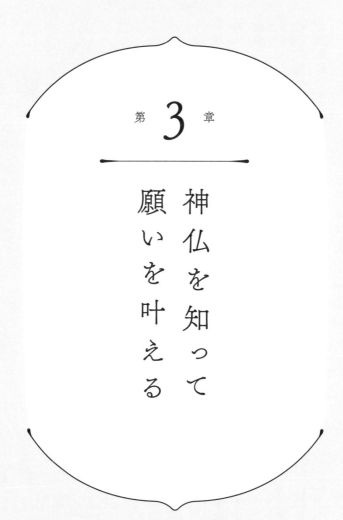

真言で「現世利益」を求めていいのか？

私は一阿闍梨として、さまざまな方のご相談に耳を傾け、ご祈祷《きとう》も多くさせていただいております。その内容は、お金、人間関係、恋愛、健康……と、まさに十人十色ですが、ほとんどが現世利益の願いが多いように感じます。

現世利益を求めることを真言宗は否定せず、むしろ大切にしています。さまざまな神仏に祈り、加持祈祷の修法をもつことは、密教では古くから続けてきた大切な祈りなのです。

一見、人間の願い、欲望というものが仏教らしくない、ふさわしくないと考える方もいらっしゃるようですが、さまざまな神仏に向かい合い祈るのですから、それが入り口となって仏縁は濃くなりますし、さらには成仏への導きという一つのきっかけになりえます。

多種多様な仏が存在する意味

真言宗は、宇宙の真理そのものを体現する大日如来《だいにちにょらい》の秘密の教えであり、すべての神仏はその化身であると考えられています。

ただ、宇宙の真理そのものであり、神格化された存在である大日如来を我々が感じとることは難しいので、人々を救い、教えを施すために、さまざまな仏に姿を変えて人々の前に現れるのです。

真言宗のお寺では、大日如来が教えの中心でありながら、実際に大日如来を本尊として祀っている寺院はわずかです。

これは「みんな違いがあってよい」という、我々人間の個性の話でもあります。みんなそれぞれに違いがあり、個性があることはとても良いことです。

仏さまも同じで、他種多様の神仏は大日如来という仏さまの功徳の力の一端を表すことで、多様性の大切さや、突き詰めていけば、どこからでも真理に近づいていける

という教えでもあります。

神仏にお願いするときに真言を唱えよう

大日如来はどのような神仏に姿を変え、我々を導き、願いを叶えてくださるのか。**仏さまの種類は、「如来《にょらい》」「菩薩《ぼさつ》」「明王《みょうおう》」「天《てん》」と4種類に分けることができます。そして、「如来」「菩薩」「明王」「天」のすべての仏さまに真言があります。**

それぞれの真言を唱えることで、その仏さまに具《そな》わる功力が働き、仏さまと一体となり、ご加護がもたらされるのです。

寺院へお参りされるとき、その本尊の真言をまずは3回唱えてみましょう。それからお願い事をお伝えしましょう。

真言には、仏さまのお名前や功徳など、一字に千里の功徳が含まれています。「神さま～」「仏さま～」と日本語でざっくり呼びかけられるより、「我のことだね」と振り向いてくださるように、そういう意味で、真言とは仏さまとの距離を近づけてくれる深い秘密の力の言葉なのです。

神仏へのお願いは催促してもかまわない

神仏にお願いしてなかなか叶わないというときに、たくさんの寺社へ足を運びお参りする方もいると思います。これが良い悪いという話ではなく、一つの方法として、**同じ神仏へ願いの重ね掛けをする方法**があります。

「これだけ困っている」「本気でピンチなんだ」という気持ちをまっすぐにお伝えし、叶うまで毎日でもお参りしてかまいません。とは言っても、毎日はなかなか難しいと思います。このことが「お百度参り」といった信仰につながっています。

何度も繰り返しお願いするというのは、我々阿闍梨がご祈願の依頼を受けた時もよくすることです。ご祈祷後しばらくして、願主さんから「まだ叶わない」と連絡が入る場合があります。それならもう一度。それでも叶わなかったら、1日3度で1週間、計21回連続で祈ったりと、さまざまな方法で願いを届けます。「今日から1週間お参りします。どうか叶いますように」、というふうに想いを重ねてみてはいかがでしょうか。**願いが叶ったときには必ずお礼という意味で感謝のお参りをしてください。**

諸仏の頂点に君臨する「如来」

「如来《にょらい》」は、悟りを得た者。

真理そのものである大日如来は、たくさんの仏さまを統率しています。

一般的に我々は、如来も菩薩も明王も天もすべてひとくくりで、「仏さま」とお呼びすることが多いですが、正式には仏というのは悟りに至った方の名称なので、〇〇如来とつく方のみが、本当の意味での「仏さま」です。

大日如来はトップ・オブ・トップの存在

その中でも、**大日如来は「仏の中の仏」と呼べる絶対的な存在です。**

曼荼羅《まんだら》と呼ぶ仏画をお寺や展覧会など、どこかでご覧になったことがある方は多いでしょう。たくさんの仏尊がまるで説法しているかのように正確に配置されています。真言宗では真言と同様に大変重要なものとされています。カラフルで神秘的な図像ですので、視覚で説法を聞くことができるからこそ曼荼羅なのです。

真言宗のお寺にお参りすると、ご本尊の左右に曼荼羅がお祀《まつ》りされています。一方は**金剛界曼荼羅**《こんごうかいまんだら》、もう一方は**胎蔵曼荼羅**《たいぞうまんだら》です。どちらにも中心に大日如来が描かれていますが、ふたつのそれはちょっと違います。

金剛界曼荼羅の大日如来は別名、金剛界如来とも呼ばれ、『金剛頂経《こんごうちょうぎょう》』という経典の教えを表します。9つの区画に仏さまの悟りの世界観、ストーリーが描かれています。

胎蔵曼荼羅の大日如来は、『大日経《だいにちきょう》』という経典の教えを表します。大日如来を中央に、東西南北に仏さまの功徳が広がる様が描かれています。

つまり、密教では、大日如来を二通りの視点で見ているということです。

金剛、胎蔵を一対の曼荼羅としてお祀りしているのも、1+1=2ではなく1であることを眼で見えるようにして我々に示しているのです。

人びとを救うために行動する「菩薩」

菩薩というのは、**「如来になれるけれども私はまだ衆生《しゅじょう》を助ける側、サポートする側で活動したい、救済したい」**と自ら菩薩としておられる仏さまです。

人々を救おうとする求道者的な性格をお持ちです。

菩薩には、観音菩薩、地蔵菩薩というように、広く名前が知られた菩薩がたくさんいらっしゃいます。大変人気があって信仰されている方も多いのですが、正式には如来に至るために修行をしている存在という見方をします。

たとえば、観音菩薩というのは、「助けてください」という人々からの救済の声を聞く、「音を観じる」というところから観音菩薩と言います。救済を求める声を必ず拾い、「私は必ず助けに行きます」「手を差し伸べます」と救済してくださるのが観音菩薩です。

我々のような僧侶も菩薩と言えます。なぜなら衆生を救う修行をしているからです。これを菩薩行と呼びます。菩薩の行い、救済をしているという意味です。

我々阿闍梨は、僧侶の代表ともいえる法事や葬儀という祈りだけではなく、日常生活の中で、人々の悩みを聞いて祈祷をしたりと、多種多様な活動をしています。皆さんの依頼を受けて拝む活動が多いですが、それがさまざまな形で人々の救済になり、自身の菩薩としての修行になっているからこそ、菩薩行となるのです。

救済の仕方はさまざまで、個性があっていいものです。

たとえば、音楽が好きな阿闍梨の中には、お経を音楽に乗せて現代風にアレンジして、皆さんに音楽としてお経を広める活動をしている僧侶がいます。

ある阿闍梨は書道が得意で、梵字《ぼんじ》のお習字を人々に教えることで仏さまや密教に興味をもっていただくという活動をしています。

ほかにも神仏の絵を描いたり、有名な修行の一つである写経教室をされている方もいらっしゃいます。

先生という菩薩が、さまざまな種類の仏法の窓口を開かれているといえるでしょう。

愛のムチで威嚇してでも人を救おうとする「明王」

明王《みょうおう》は「如来」「菩薩」という仏さまの手助けをする存在で、密教らしい仏さまといわれています。実は不動明王は大日如来が姿を変えています。

なぜ姿を変えるのかというと、どんなに良い話をしていても、聞く方も人それぞれです。理解できるか、難しい話かというレベルではなく、そもそも耳を傾けていない、聞くことができない、寝ていたり、遊んでいたり、へそ曲がりな利かん坊がいるものです。そういうときに、おっかない顔をして、手には武器を持った姿で「ちゃんと聞け！」と改心させるのです。どんなへそ曲がりもしゃんとして背筋を正して話を聞くようになります。

明王は、わかりやすくたとえると、昔の学園ドラマなどでやんちゃな生徒を愛のムチでしごく強面《こわもて》の先生、といった感じです。

「仏さま」というと、多くの人は慈悲深い優しいお顔の観音さまをイメージする方が多いです。しかし、明王の多くは武器を持って、眼差しも力強く、かっこいいお姿をしています。

「どんな仏さまか」功徳や性格を知らなくても、「わあ、こんな仏さまいるの⁉」と人目を引くインパクトある見た目が魅力の一つだと思います。

「どんな仏さまかわからないけど、かっこいいからファンになった」。それは少しも不純なことではなく、見た目を入り口に、仏さまの世界に引き込むという密教らしい仏さまの魅力でもあり、仏さまの救済に触れた場面と言えるのではないでしょうか。

昔は戦《いくさ》における戦勝祈願や、悪夢は敵が呪《のろ》いをかけてきた知らせと考えられていました。それを払い除けるために明王の御力におすがりすることがよくありました。

たとえば、戦国武将の直江兼続《なおえかねつぐ》の兜《かぶと》には「愛」の字が掲げられていました。一説には、信仰していた愛染明王《あいぜんみょうおう》の「愛」の字を掲げたというのではないかという謂《いわ》れがあります。愛染明王というと、真っ赤なお姿から、現在は恋愛や縁結び、家庭円満など、愛欲をつかさどる明王として親しまれています。

スピーディーに願いを叶えてくれる「天部」

「天」は、天のグループという意味で**「天部《てんぶ》」**という総称で呼びます。

天部は六道の最上位であり、簡単に言えば神さまです。しかし神さまと言っても、まだ悟りに至っていない存在です。そして、仏法を護《まも》ってくださる、ガードマン的な役割で働かれている方々でもあります。

天部は、我々人間と時間の流れに違いがあるものの、同じように寿命があります。そして天部には男女の性別も人間と同じように存在するのです。性別が存在するからこそ性欲も存在します。そして子どももつくります。

人間よりは悟りに近い存在ですが、良くも悪くもどこか人間らしさを残しているのが天部といえるでしょう。

願い事は人それぞれとしても、その願いが叶《かな》うまで、成就するまでに、どれだけの時間をあなたは願いますか。

誰でも早い方がいいでしょう。では、どなたに願いますか？

じつは願い事の叶い方によく表れています。

たとえば、会社を経営されている方が、今月の支払いがピンチで、もう１００万円ないと社員に給料が払えないとなったとき、「どちらの仏さまが叶えてくれるだろうか」と考えたら、ズバリ天部です。

如来や菩薩、明王の方が悟っていて位の高い仏さまだから力をお貸しくださるのでは……と考えたくなりますが、なるべく早くお助けいただきたいときは、天部が一番です。

では具体的に、仏さまの中でどなたに願えばよいか。切羽詰まった緊急事態で、速やかにお金の願いを叶えてくださるのは、大聖歓喜天《だいしょうかんぎてん》や弁才天《べんざいてん》などの天部といえます。

天部というのは、「会社が大ピンチなんです。どうか１００万円を今月末までにお助けください」とお願いしたら、「はい、１００万円ですね」という叶え方をしてくださいます。

150万、200万と多めに都合をつけてくださることも多く、基本的には供養すればしただけの願いを叶えてくださるのです。

もし同じお願いを、悟りに至っている如来や菩薩、明王にしたとしましょう。天部ではありませんから、願いを叶えた先のこともしっかりと考えます。「お前に100万円を簡単に渡したらすぐ安堵《あんど》して、このままダメ経営を続けるだろう……。しかしピンチはわかる。まず50万渡そう。これでやりくりすれば乗り越えられるはずだ」という試練のようなことも一緒に与えて叶えようとしてくれるのです。

天部にはお供えのお酒とお礼参りを忘れずに

天部にお願いを速やかに叶えてもらう秘訣《ひけつ》は、お供えをちゃんとすることと、お礼参りを欠かさないことです。

何度も繰り返しますが、天部は悟りに至っていません。まだまだ心には悪心《あくしん》を持っています。「天部は赤子と同じ」。そう我々阿闍梨はよくたとえます。

天部は、100万円お願いしたら、100万円を融通してくれるような気前のよい存在のように思われたかもしれませんが、タダでしてくれるわけではありません。


「お前は私に何をしてくれる？」


そこを見ています。

対価ともいえる、お供えをするかしないかで、働きが変わってくるのです。つまり、ギブアンドテイクの関係ということで、人間らしい存在なのです。

天部が喜ぶお供え物は、大聖歓喜天の御供え物としても有名な蘿富根《らふこん》、お酒、団子です。

蘿富根とは大根のことで、あえて二股大根をお供えされることも多い供物です。

お酒は必ず上等な物を用意します。酒好きな人間と同じで、しぼり立てのお酒だったり、季節を感じさせるもの、単純に何が喜んでくれるか、よく悩み考えてお供えすることが大切です。

ちなみに天部の多くはもともとヒンドゥー教の神々、つまり外国の神さまです。必ず日本酒を用意しないといけないわけではないと考えられています。団子というのは歓喜団《かんぎだん》と呼ばれる揚げ饅頭《まんじゅう》をお供えします。この歓喜団と呼ばれるお菓子は、巾着《きんちゃく》袋《ぶくろ》の形に作り、中には数種類のお香を混ぜた餡子《あんこ》が入っているお菓子です。

すべて用意するのはなかなか大変だと思います。

そんなとき、私がおすすめするのは、お酒です。お酒というのは、言うなれば「天部との距離を近づけてくれる御供物」必須《ひっす》アイテムでしょう。

美味《おい》しいお酒を「どうぞ」と持っていったら、「おお、願いごとはなんだい？」と興味をもってくださるきっかけになるからです。天部は異国の神さまですから、飲み会の席というたとえは失礼かもしれませんが、そうやって意識的に天部との距離を近くするのは大切なポイントだと思っています。

お酒が用意できないケースもあるかもしれません。そんなときはお菓子だけでも用意してお供えするといいでしょう。すぐに歓喜団を用意できないこともあるはずです。何か美味しいお菓子を選んでお供えしてください。できる範囲で供養するのが大切だと思います。

天部へのお願いで避けるべきポイント

そして、避けるべき物に関して少し触れておきましょう。

古来より天部は酸味を嫌うと伝えられています。つまり柑橘系《かんきつけい》の果物は避けないといけません。スーパーに出かければ気軽に用意できる供物の代表というイメージがありますが、気をつけないといけません。

お供えしてしまった場合はどうなるか。

罰が当たるとは言いませんが、果たして叶えてくれるのか。「天部は赤子のよう」と言いましたが、ご機嫌斜めになってしまいます。そうなると、いくら切羽詰まっていると懇願しても、そっぽを向かれて話を聞いてくれないかもしれません。

お礼参りが大切なのも同じ理由です。

天部は、「そういえばあの酒はうまかったなあ。願いも叶えてあげたし、そろそろ顔を見せに来るかな」と思っていますから、**「先日は誠にありがとうございました。御礼でございます」**と、お礼参りに御供物を持っていくのです。すると、「そうかい、そうかい。じゃあいただこう」と機嫌がよくなるのです。

お願いするときだけ丁寧にお供えし、何度も何度もお参りして手を合わせていたのに、願いが叶ってからお参りしなくなるのはよくありません。

もしうっかりお礼参りを忘れるとどうなるか。

「この間の100万円、叶えてやったのにお礼もない」と天部は思うでしょう。まだまだ悟りに至っていないために、心の奥底には悪心を残されています。つまり悪さをしてやろう、困らせてやろうとなさる。

世間では弁才天や大黒天など人気のある天部ですが、如来、菩薩、明王と比べるとなかなか大変なことが多いです。阿闍梨の中でも「天部なんて拝むもんじゃない」とおっしゃる方もおります。

天部とは心してお付き合いしたほうがよいでしょう。

お参りしてはいけないタイミング

神さまは穢《けが》れを嫌うということは、皆さんもよくご存じだと思います。汚いもの、不浄という意味です。

我々人間でも好んで汚れた場所には行かないと思います。この穢れ、不浄という意味の中に、死や血という意味が含まれることはわりと知られていると思います。

家族や近親者が亡くなられた場合、忌中、喪中という喪に服す期間があります。どれだけの期間を設定するかは地域や風習などにもよりますが、その期間は神社にお参りしないことが多いと思います。

お寺へのお参りは問題ありませんが、それは如来、菩薩、明王へのお参りに限った話です。天部へのお参りは避けるべきと伝えられています。

前にも触れましたが天部には寿命があります。

穢れというものがきっかけになり、天部は自分にも寿命があることを思い出してしまうのです。

「穢れ」のことを「気枯《けが》れ」と言い表すこともありますが、それは単に汚れているという状態を指すだけでなく、気が枯れることを意味しています。天部は穢れに触れると力が弱まってしまうのです。

たとえば医者から突然、あなたの寿命は残り一週間と言われたら気は枯れてしまうのではないでしょうか。そんなときに「ちょっと話を聞いてくれ。こんなことで困っている。助けてほしい」と、たとえ大好物を手土産に頼まれたとしても、相手をする余裕はありません。残された一週間を優先するでしょう。

喪中にどうしても天部に祈るときは、山門の前で手を合わせることにとどめて祈りましょう。

コラム

修行における第一の壁「胎蔵の不動明王の真言」

真言密教で我々が阿闍梨になるためには、四度加行《しどけぎょう》といわれる修行をします。

簡単に説明しますと、4つのカテゴリーに分けられた密教の修行法で、高野山では、最初が十八道《じゅうはちどう》といわれる修行。続いて金剛界、胎蔵、そして護摩の修行をします。これによって僧侶としての基礎が確立されます。

胎蔵に入ったときに「大きな壁にぶち当たった」とクラクラしました。なぜなら、胎蔵界の仏尊の真言の長さは、それまでの金剛界の真言と比べるととても長いのです。たとえば、金剛界は、大日如来であれば「オン　バザラダト　バン」というように、「オン」という言葉から始まる真言が多く一息で唱えられるものが多いのです。

一方、胎蔵の場合、「ノウマク・サマンダ・ボダナン」から始まる真言が多いです。

それだけでも長いのに、その後にずらずらと続くわけです。私も人間ですから、修行中の若僧にはやはり長く、つらいものでした。

一番つらかったのは胎蔵の不動明王の真言です。不動明王の真言は、慈救呪《じくじゅ》と呼ばれるものです。

「ノウマク　サマンダバサラダン　センダ　マカロシャダ　ソワタヤ　ウンタラタカンマン」を一遍として、これを千遍唱えます。

千回唱えるのに、大体、50分ぐらいかかります。当然、楽な姿勢でやっていいものではなく、仏として修行するわけですから、足は半跏坐《はんかざ》、背筋はピーンと伸ばして、念珠をもって数を取りながら行います。

先生方がうろうろして、居眠りしていないかとか、間違った作法をしていないかと、指導にあたるわけですが、慣れてくると真言を唱えながらウトウトしてきます。すると、トントンと肩を叩かれて、気を引き締めて念誦《ねんじゅ》するように促されます。

禅系の宗派のようにパーンと肩を叩かれたりすることは密教ではありません。とにかく念誦することが大事だからです。しかし長い真言を千回というのが、べらぼうにしんどかった思い出があります。

第4章

神仏の真言セレクション

「真言」の世界に入ろう

では、ここからは仏さまをご紹介します。

「如来」「菩薩」「明王」「天部」から代表的な仏さまを中心に選びましたが、仏さまは名前が同じでも数種類お姿が存在します。皆さんの知っているお姿の仏さまでも、もしかしたら描いたお姿は違うお姿かもしれません。

真言も同じように、同じ仏さまでも数種類存在します。

今回は代表的な真言を中心に、多くても2種類ほどをご紹介いたしました。

そして、お姿と真言だけではなく、種子《しゅじ》も書きました。

種子とは、仏さまそれぞれにある「梵字《ぼんじ》で顕《あらわ》すシンボル」です。仏さまのお姿が描かれていなくても、この種子だけで仏さまを顕しています。お寺で授与されたお守りや御朱印に押印された梵字にも、このような種子を示していることがとても多いです。

種子には「種」という漢字があるように、心に仏さまを顕すときにその種として大切にしている梵字です。

仏さまの種子とお姿、真言。そして、少しではありますが解説を書きました。

それぞれの仏さまにどんな功徳があるのか、どんな性格か、理解を深めると自然とそのお力、功徳もわかってくるものだと思っています。どんな功徳があるのか書きましたが、それは仏さまの一端でしかないでしょう。

仏さまのお救いくださる手は、それほど広く大きいのです。

仏さまの表情や手で結び示している印契《いんげい》や持ち物であったり、意味はわからなくても何かメッセージが込められているような、そんな仏さまからの好奇心をくすぐる多種多様な御力を観じることができるでしょう。

名前がわからなくても、どんな仏さまかわからなくても、どこか魅かれる仏さま。力強くてかっこいい。優しいお顔で好きだ。仏さまがたくさんいらっしゃるように、我々人間もたくさんいて、皆それぞれ想うことは違うのですから、それぞれ自由にこの世界に触れていただければと思います。

普礼真言《ふらいしんごん》

真言

オン　サラバ　タタギャタ

ハンナマンナノウ　キャロミ

これは普礼真言と呼ばれるものです。

つまり、仏さまに礼をするときにお唱えします。

仏さまに参拝する際は、「三礼《さんらい》」と言って、三度礼をしますが、そのときにこの真言も三遍お唱えします。すべての仏さまに礼をする意味をもっています。

一般的には、お寺に参拝するとお堂の中央には本尊とされる仏さまがお祀りされていることが多いでしょう。しかし実際は、目に見える仏像だけがそこにいらっしゃるのではありません。

仏さまには当然のように眷属《けんぞく》がいらっしゃいます。

お祀りされている仏さまを中心に、たくさんの諸仏、眷属がその場で曼荼羅《まんだら》を顕すようにお集まりになられています。

そんなたくさんの仏さま、一切諸仏がいらっしゃると心に曼荼羅を観じ、この真言を3回唱えましょう。

大日如来《だいにちにょらい》

種子

バン

功徳

すべての願いを聞き正しく導く

真言

オン　バザラダト　バン

大日如来は仏の智慧《ちえ》をあらわす最高位に位置する仏さまです。
阿閦《あしゅく》如来、宝生《ほうしょう》如来、阿弥陀《あみだ》如来、不空成就《ふくうじょうじゅ》如来、この四仏の智慧と大日如来の「法界体性智《ほうかいたいしょうち》」という、この宇宙の絶対的な智慧を司る、五智の総体といえるのが大日如来です。「大日」と書きますが、そのお働きは太陽以上であり、日が照らしている間だけでなく、昼夜問わず常に顕《あらわ》れています。

大日如来は宇宙そのもの。すべての命の根源であり、全宇宙の真理、真実を顕しています。草木が知らせる四季の移ろいや、時に優しく時に激しい小川のせせらぎの音、歩いていても強弱を観じる風の息……。

それらすべてが大日如来からのメッセージだと気づいていますか。

今、この時この瞬間、大日如来は我々衆生に説法しています。我々は穏やかな風には喜んで吹かれますが、強く冷たい風には背を向けて邪魔者扱いする。それでは大日如来のメッセージを完全に受け取れてはいません。

すべての事象を大宇宙という大日如来のメッセージと受け取り、自分のものにすることです。

大日如来の真言をお唱えし、自分の心を大日如来とともにいたしましょう。

阿《あ》閦《しゅく》如《にょ》来《らい》

種子

ウン

功徳

息災　不動心　育成

真言

オン　アキシュビヤ　ウン

阿閦如来は、大日如来が具える5種類の智慧「五智」を顕す五智如来の一尊です。五智の一つ、「大円鏡智《だいえんきょうち》」を司る仏さまで、「大きな円鏡が万物の影をことごとく映すように、すべての真実を照らし知る」という智慧です。

すべてを明らかに知り、衆生のためにお働きになる仏の智慧を具えているのです。

真言のアキシュビヤは「不動仏」という意味で、〝揺るぎないもの〟を示しています。それは阿閦如来が右手を大地に伸ばしていることからもわかります。どんな誘惑や妨げにも動じることなく大地のような強い心を育ててくれるのです。

誰しもが、鏡のように澄んだ心を持ち、その奥底には迷いに屈することのない堅固な精神という仏の種を必ず宿しています。

阿閦如来の大地に触れる右手は、五色の光明を放ち、我々を守護してくださいます。

あなたの堅固な心には、どんな悪魔でさえ手を出すことはできません。

宝生如来《ほうしょうにょらい》

種子

タラク

功徳

福徳

真言

オン　アラタンノウ　サンバンバ　タラク

宝生如来は大日如来が具える5種類の智慧「五智」を顕す五智如来の一尊です。五智の一つ、「平等性智《びょうどうしょうち》」を司る仏さまで、どんなものでもすべて等しく価値のあるものであり、無駄なものなど何一つないことを説いています。

仏の種を宿しているあなたは、修行という水を注ぐことによって少しずつ育ち、やがて大蓮華《だいれんげ》の花を咲かせます。花弁一枚一枚がしっかりと咲いた満開の大蓮華は仏さまの功徳を顕しています。修行によって丁寧に育てた大蓮華は衆生の願いに従って、あらゆるものを生み出す如意宝珠《にょいほうじゅ》なのです。

宝生如来の「宝生」はその如意宝珠、そして平等性智の智慧を示しています。

宝生如来の右手は我々に向けられています。この手には如意宝珠の功徳がのっています。あなたに必要なものを必要なだけ、しっかりと見極めてお助けいただけるでしょう。

真言の梵字、種子《しゅじ》の「《タラク》」の一文字は、宝生如来の如意宝珠の功徳が黄金の光を放ってあなたを照らしています。

阿弥陀如来《あみだにょらい》

種子

キリク

功徳

息災　滅罪　不仲解消
良縁成就　恋愛成就

真言

オン　ロケイ　ジンバラ　アランジャ　キリク／
オン　アミリタテイゼイカラ　ウン

阿弥陀如来は大日如来が具える5種類の智慧「五智」を顕す五智如来の一尊です。五智の一つ、「妙観察智《みょうかんざっち》」を司る仏さまで、万物が持つ個性や特徴を見極めて、その個性を最大限に生かすことを説いています。

阿弥陀如来は、極楽浄土の仏さまとして知られ、広く信仰を集めておられます。とても慈悲深く、我々衆生を悟《さと》りへと導きお救いくださる仏さまです。手を組んでお座りになられる姿は、まさに瞑想《めいそう》中の心の落ち着いた静かな境地を顕しています。**本来、我々の心は清浄《しょうじょう》であることを知っている仏さまで、我々の悩み苦しみを慈悲深い心で理解しているからこそ決して見捨てることはありません。**

清浄な水精色《すいしょういろ》に慈悲の紅色を混ぜた、紅頗梨色《ぐはりしき》という大光明を放ち、我々を照らしています。

阿弥陀如来は「私を10回お呼びすれば必ず救う」と誓願を立てました。

このことから真言を10回唱える方がとても多いです。

なお、無量寿如来《むりょうじゅにょらい》、無量光如来《むりょうこうにょらい》、甘露王如来《かんろおうにょらい》、観自在王如来《かんじざいおうにょらい》、すべて阿弥陀如来の別名です。

不空成就如来《ふくうじょうじゅにょらい》

種子

アク

功徳

息災　目標達成
所願成就

真言

オン　アボキャ　シッデイ　アク

不空成就如来は大日如来が具える5種類の智慧「五智」を顕す五智如来の一尊です。五智の一つ、「成所作智《じょうしょさち》」を司り、行いを円満に成就する智慧を具えており、釈迦如来と同体と伝えられています。

胎蔵曼荼羅に描かれる天鼓雷音如来《てんくらいおんにょらい》と同体とされており、そのお名前に功徳が顕れています。「天の鼓」は仏教では天人の楽器のことで、春の雷鳴が轟《とどろ》くように、仏さまはこの宇宙に法を轟かせている。雷鳴に驚き目を覚ますように、仏さまの説法によって衆生が救われることを説いています。

仏さまのお働きによって円満に成就すること、そこに空しさは一切ないことが、天鼓雷音如来、不空成就如来というお名前に通じています。

なお、真言の「シッデイ」を音写すると「悉地《しつじ》」と書きます。その意味は不空成就如来の功徳である「成就」を示しています。

不空成就如来は我々衆生を撫《な》でるように右手を優しく前に出し示しています。

この印は施無畏印《せむいいん》と呼ばれ、「大丈夫だよ。怖くないよ」と、まるで語りかけるようにあなたに手を向けているのです。

薬師如来《やくしにょらい》

種子

バイ

功徳

病気平癒　守護

真言

オン　コロコロ　センダリ　マトウギ　ソワカ

薬師如来の正式なお名前は、薬師瑠璃光如来《やくしるりこうにょらい》と言います。サンスクリット語のお名前に「バイセイジャクロ　バイチョリヤ」とあります。「バイセイジャ」は医薬、「クロ」は先生。つまり「薬師」という意味です。「バイチョリヤ」は濃い紫味を帯びた青色の宝石ラピスラズリ、つまり瑠璃石のことです。よって「浄瑠璃浄土《じょうるりじょうど》の教主」という意味を顕します。

真言に含まれる「コロコロ」と繰り返す特徴的な部分がありますが、これは、「除く」「退け」「去れ」というような魔を除去する意味があります。

この真言を7回唱えれば、「コロコロ」というお力によって身が護られる功徳があります。

薬師如来は左手に12種類の妙薬を納めた薬壺《やっこ》を持ち、我々を癒してくださいます。ケガや病には薬師如来の真言が一番という篤い信仰に繋がっています。

釈迦如来《しゃかにょらい》

種子

バク

功徳

集中力　継続

真言

ノウマクサマンダボダナン　バク

釈迦如来は仏教の開祖であるお釈迦さまの姿です。説法の印を結ぶ姿が有名ですが、イラストの印はもう一つの印である智吉祥印を結んでいる姿です。

お釈迦さまは菩提樹の下で悟りを得て涅槃という境地に至りました。衆生のために智慧をもって教えを説かれました。衆生を導く行いを成就する智慧を具えています。

これは不空成就如来の「成所作智《じょうしょさち》」という功徳と同一です。つまり、我々が行いを成就することに大いなる力を貸してくださいます。

真言の「ノウマクサマンダボダナン」は帰命《きみょう》、つまり「帰依します」という意味です。その後の「バク」というのが釈迦如来を顕しています。

つまりこの真言は、「南無釈迦牟尼如来《なむしゃかむににょらい》」とお唱えするのと同じであり、「釈迦如来に帰依します」という意味を持ちます。「帰依する」とは、仏教用語でその教えにすがること、信じて拠り所にするという意味です。

なお、真言の最後の「《バク》」の字は、釈迦如来を顕し、梵字一文字で顕すシンボル、種子《しゅじ》となっています。種子は仏さまを梵字で顕したときのシンボルです。仏さまの姿が描かれているわけではありませんが、種子そのものを仏さまとして大切にします。

仏眼仏母《ぶつげんぶつも》

種子

シリ

功徳

息災
本質を見る

真言

ノウボ　バギャバトウ　ウシュニシャ　オン　ロロ　ソボロ　ジンバラチシュタ　シッタロシャニ　サラバラタ　サダニエイソワカ

宇宙の真理、真実を観る仏さまの眼を神格化したのが仏眼仏母です。**仏さまは五眼《ごげん》と呼ばれる、五つの眼力をお持ちです。**


真言にある「サラバ」が示す肉眼《にくげん》は我々人間と同じ眼。

「シッタ」が示す天眼《てんげん》は三世十方を見通す眼。

「ジンバラチシュタ」が示す慧眼《えげん》は真理の平等を見抜く眼。

「ロシャニ」が示す法眼《ほうげん》はすべての万物を見極める菩薩の眼。

「ウシュニシャ」が示す、仏眼《ぶつげん》は、この4つの力を具えた真実を知る仏さまの眼を意味します。


仏さまはこの五眼で我々を常に観てくださっているのです。

仏眼仏母はこの如来の眼そのものであり、我々衆生を正しく導いてくださる存在です。我々に真理、物事の本質を見せることで、仏に生まれ変わらせるよう、お働きになる仏さまと言えるでしょう。その功徳により、曇りなき目が具わり、迷いから解脱することができるのです。

聖《しょう》観音《かんのん》菩薩《ぼさつ》

種子

𑖭

サ

功徳

息災　敬愛
恋愛成就　良縁成就

真言

オン　アロリキャ　ソワカ

聖観音菩薩はすべての観音菩薩の基本のお姿であることから「正」の字を当てて「正観音菩薩」と表記する場合もあります。真言宗では聖観音、十一面観音、千手観音、如意輪観音、馬頭観音、准胝観音の六尊を「六観音《ろっかんのん》」と呼びます。

観音菩薩は観自在菩薩《かんじざいぼさつ》、観世音菩薩《かんぜおんぼさつ》とも呼ばれます。意味はどちらも同じで、サンスクリット語では「アリヤバロキテイジンバラ」とお呼びし、「観ることが自在である者」という意味から、観音や観自在と訳されました。観音菩薩は我々衆生を常に広い眼で観ているので、救済を求める声、音があれば必ず反応してお救いくださるのです。特に聖観音は六道の中では地獄道《じごくどう》に迷う者を救済するといわれています。**観音菩薩は33の姿に変化するとされ、それは人々の求めに応じてどんな状況であっても、救いが必要な者に対して一番救いやすいお姿で、救いやすい方法を選び、救済するためです。**

ちなみに、すべての観音菩薩を束ねる王というべき存在が阿弥陀如来です。その証に観音菩薩は、宝冠に阿弥陀如来の化仏《けぶつ》（小さな仏）を載せています。聖観音菩薩は左手に蓮華の蕾を持っています。蓮華は悟りの象徴です。右手でその花弁を一枚咲かせようとしています。我々の心に蓮華が、大輪の花を咲かせるよう導いてくださいます。

千《せん》手《じゅ》観《かん》音《のん》菩《ぼ》薩《さつ》

種子

キリク

功徳

厄災消除　疫病封じ　和合

恋愛成就　良縁成就　選択

真言

オン　バザラタタラマ　キリク

千手観音菩薩は、「六観音」の一尊で餓鬼道《がきどう》に迷う者を救済する観音菩薩です。

一般的には千手観音菩薩とお呼びしていますが、千の手それぞれ眼をお持ちで、正式には千手千眼観音菩薩《せんじゅせんげんかんのんぼさつ》とお呼びします。すべての観音菩薩の中の王とも呼ばれるほどの大いなる慈悲から、蓮華王ともお呼びします。

千手観音菩薩は我々衆生、それぞれの求めに応じて、たくさんの目でどのような苦悩も見逃すことはありません。手に持つたくさんの法具は、救済の方法を示しています。これだけ多ければ、あなたに必要な救いが必ずあるはずなのです。

真言の「バザラタラマ」は「金剛の法を受持する者」という意味です。

最後の「キリク」は種子であり、この一字だけでも真言のとても強い功徳が詰まっていると言えます。キリクには、災いや疾病を除き、命終わるときには安楽国土に生じると説かれています。また千手観音菩薩は夫婦和合に対してもそのご利益が有名です。夫婦仲や恋人との関係につまずいたときは、その仲を鴛鴦《おしどり》のように深く結んでくれるでしょう。

馬《ば》頭《とう》観《かん》音《のん》菩《ぼ》薩《さつ》

種子

カン

功徳

ペットや家畜の守護　交通安全

渡航安全　旅行安全

真言

オン　アミリト　ドハンバ　ウンパッタ

馬頭観音菩薩は、「六観音」の一尊で畜生道《ちくしょうどう》に迷う者を救済する観音菩薩です。

真言の「アミリトドハンバ」は「蓮華より生じた者」という意味です。

馬頭観音菩薩は観音菩薩の中でも馬の頭を載せる珍らしい姿をしていることから馬頭観音菩薩とお呼びします。馬頭観音はサンスクリット語で「カヤグリバ」と呼びます。「カヤ」は馬、「グリバ」は頭。よって「馬頭」を意味しています。

近年ではペット供養の本尊とすることも多い観音菩薩です。その傾向は関東に多く、関西では大《だい》威《い》徳《とく》明王《みょうおう》を本尊にすることが多いようです。

馬頭観音菩薩は馬、大威徳明王は牛が関係しています。共通点はやはり動物です。

昔は馬を車として使っていたことから交通安全の仏さまとしても信仰されています。

馬はとても食欲がありますが、我々衆生の煩悩も一つ残さず食べ尽くしてくれます。

馬が駆けるように速やかに悟りへと導いてくれるでしょう。

十《じゅう》一《いち》面《めん》観《かん》音《のん》菩《ぼ》薩《さつ》

種子

𑖎

キャ

功徳

争いからの解放　福徳

疫病封じ

真言

オン　マカキャロニキャ　ソワカ／

オン　ロケイ　ジンバラ　キリク

郵便はがき

料金受取人払郵便

牛込局承認

9092

差出有効期限
令和7年6月
30日まで

162-8790

東京都新宿区揚場町2-18
白宝ビル7F

フォレスト出版株式会社
愛読者カード係

フリガナ お名前	年齢　　　歳 性別（ 男・女 ）	
ご住所　〒 ☎　（　　）　FAX　（　　）		
ご職業	役職	
ご勤務先または学校名		
Eメールアドレス メールによる新刊案内をお送り致します。ご希望されない場合は空欄のままで結構です。		

フォレスト出版の情報はhttp://www.forestpub.co.jpまで!

フォレスト出版　愛読者カード

ご購読ありがとうございます。今後の出版物の資料とさせていただきますので、下記の設問にお答えください。ご協力をお願い申し上げます。

● ご購入図書名　「　　　　　　　　　　　　」

● お買い上げ書店名「　　　　　　　　　　　」書店

● お買い求めの動機は?

1. 著者が好きだから　　2. タイトルが気に入って
3. 装丁がよかったから　　4. 人にすすめられて
5. 新聞・雑誌の広告で（掲載誌誌名　　　　　　　）
6. その他（　　　　　　　　　　　　）

● ご購読されている新聞・雑誌・Webサイトは?

（　　　　　　　　　　　　　　　　　　）

● よく利用するSNSは?（複数回答可）

☐ Facebook　☐ X（旧Twitter）　☐ LINE　☐ その他（　　　　　　）

● お読みになりたい著者、テーマ等を具体的にお聞かせください。

（　　　　　　　　　　　　　　　　　　）

● 本書についてのご意見・ご感想をお聞かせください。

● ご意見・ご感想をWebサイト・広告等に掲載させていただいてもよろしいでしょうか?

☐ YES　☐ NO　☐ 匿名であればYES

十一面観音菩薩は、「六観音」の一尊で修羅道《しゅらどう》に迷う者を救済する観音菩薩です。十一面観音菩薩とお呼びする通り、11の顔を持つ観音菩薩です。

真言の「ロケイジンバラ」は、我々衆生を「観ることが自在」という意味です。**十一面のお顔は、悟りに至った如来のお顔から、怒りや笑っているお顔までさまざまです。慈悲をもって苦しみを除き、悪心をもった者には改心させて正しい仏道へと導きます。**

真言の「マカキャロニキャ」は大悲《だいひ》という意味で、衆生の苦しみを救う仏さまの大いなる慈悲のことです。この真言にはそんな観音菩薩の慈悲が顕れているのです。

十一面観音菩薩の四本の手はそれぞれが念珠、蓮華、軍持瓶《ぐんじびょう》（水瓶）を持ち、施無畏印《せむいいん》を結んでいます。それらは、災いを除き、福を増やし、悪心を改め、敬愛を受けることを示しています。我々衆生の人生の根幹をなす四つの願いを叶えてくださる手なのです。

准《じゅん》胝《でい》観《かん》音《のん》菩《ぼ》薩《さつ》

種子

ボ

功徳

夫婦和合　子授け　安産　延命

真言

オン　シャレイ　ソレイ　ソンデイ　ソワカ

准胝観音菩薩は、「六観音」の一尊で人道《にんどう》に迷う者を救済する観音菩薩です。七倶《しちぐ》胝仏母《ていぶつも》とも呼ばれ、「準提《じゅんでい》」と書くこともあります。

「ノウボ　サタノウ　サンミャクサンボダクチノウ　タニャタ　オン　シャレイ　ソレイ　ソンデイ　ソワカ」という少し長い真言があります。

この真言の後半部分の「オン　シャレイ　ソレイ　ソンデイ　ソワカ」が特別大切なことから、こちらを繰り返しお唱えします。お名前の准胝とは、真言の「ソンデイ」のことです。伝統的意味の中でも諸説ありますが、「清浄《しょうじょう》」という意味を持ちます。

別名の、七倶胝仏母とは、「七倶胝」が7億と例えられるほど数多くの仏を生み出すことから「仏母《ぶつも》」と呼ばれ、古来、准胝観音菩薩は「仏門を志す者」、つまり出家の本尊とされ大切に祀られてきました。**慈悲深い女性的な仏さまとして、子授けや安産など、女性からの信仰を特別集めている仏さまでもあります。人道で我々衆生をお救いくださる清浄で慈悲深い、母のような仏さまです。**

不《ふ》空《くう》羂《けん》索《じゃく》観《かん》音《のん》菩《ぼ》薩《さつ》

種子

ボ

功徳

無病息災
災難厄除

真言

オン　ハンドマダラ　アボキャ　ジャヤネイ　ソロソロ　ソワカ

六道を救う六尊の観音菩薩。その中で、主に天台密教では准胝観音菩薩に代わり、不空羂索観音菩薩が人道《にんどう》を救うとされています。

サンスクリット語のお名前では「アボキャハシャ」と呼びます。「アボキャ」は不空、「ハシャ」は羂索《けんさく》という意味で、合わせて不空羂索観音菩薩とお呼びします。

苦行に勤めていた仙人が来世で不空羂索観音菩薩に成ったと伝えられ、その証として仙人の着物である鹿の皮を袈裟として着ています。このようなことから眷属に仙人を連れているとも伝えられています。**鹿はとても慈悲深い動物です。不空羂索観音菩薩も母鹿が子を想うように深い慈悲にあふれています。**

「羂索」には「縄」や「網」という意味があります。不動明王も羂索をお持ちですが、不動明王の羂索の先には、煩悩を打ち砕くとされる独鈷《とっこ》が付いていますが、不空羂索観音菩薩の羂索には蓮華が付いています。

網で魚鳥を捕らえて漏らさないのと同じように、我々衆生を漏らさずに救済することを不空羂索観音菩薩の悲願としています。

如《に》意《ょい》輪《りん》観《かん》音《のん》菩《ぼ》薩《さつ》

種子

キリク

功徳

息災　敬愛

福徳　所願成就

真言

オン　ハンドメイ　シンダマニ　ジンバラ　ウン

如意輪観音菩薩は、「六観音」の一尊で天道《てんどう》に迷う者を救済する観音菩薩です。腕が6本あり、それぞれが六道によく通じ、天道に限らず六道すべてを救うとも伝えられます。

右手のお顔に触れている手は地獄道を救う聖観音菩薩の徳。如意宝珠を持つ手は餓鬼道を救う千手観音菩薩の徳。念珠を持つ手は畜生道を救う馬頭観音菩薩の徳。左手の按《あん》じる手は修羅道を救う十一面観音菩薩の徳。蓮華を持つ手は人道を救う准胝観音菩薩の徳。輪《りん》を持つ手は天道を救う如意輪観音菩薩の徳とされています。

お名前の如意輪は、その名の通り「如意宝珠」と「法輪」を意味しています。真言の「ハンドメイ」は蓮華、「シンダマニ」は如意宝珠、「ジンバラ」は光明、「ウン」は法輪で、煩悩が打ち砕かれることを顕しています。

この法輪は8本の輻《や》がある車輪で、別名「八輻輪《はっぷくりん》」とも呼びます。仏法の象徴であり、この車輪が回転すれば説法していることを顕します。**法輪の威力で我々衆生の煩悩を砕き、正しい道へと導き、どんな願いも意のままに叶える如意宝珠の力であなたの本当の願いを叶えてくださるでしょう。**

白《びゃく》衣《え》観《かん》音《のん》菩《ぼ》薩《さつ》

種子

𑖭

サ

功徳

開運厄除　安産
順調な子育て

真言

オン　シベイテイシベイテイ　ハンダラバシニ　ソワカ

白衣観音菩薩のお名前をサンスクリット語で「ハンダラバシニ」とお呼びします。「ハンダラ」が白、「バシニ」が衣という意味で、白色《びゃくじき》の衣を着る観音菩薩なので、白衣観音菩薩と呼ばれています。

白衣《はくい》といえば医師や化学者が着用するイメージで、病院や研究室など、清潔な環境で着る服という印象があるでしょう。

観音菩薩の白衣《びゃくえ》も、穢れのない白い衣は清浄な心を顕し、頭から被るように着る姿は、天変や星の災難から身を護ることを示しています。

白衣観音菩薩の清浄な心によって諸仏を生むことから、観音の母とも呼ばれています。

透き通るように清浄な白色《びゃくじき》の衣は、あなたの心も同じように純白であることを示しているのです。

病を取り除くことや、安産や育児、教育など、子どもを育てる親の手助けもしてくださるでしょう。

大《だい》勢《せい》至《し》菩《ぼ》薩《さつ》

種子

サク

功徳

滅罪　敬愛　成長

真言

オン　サンザンザンサク　ソワカ／
オン　サンザンサク　ソワカ

大勢至菩薩は観音菩薩にとても近い存在です。

阿弥陀如来を中心とする阿弥陀三尊という祀り方は、密教では阿弥陀如来の右脇《きょう》侍《じ》に観音菩薩、左脇侍に勢至菩薩《せいしぼさつ》をお祀りします。観音菩薩が慈悲を顕し、勢至菩薩は智慧を顕しています。

観音菩薩が宝冠に化仏《けぶつ》を顕すように、勢至菩薩は宝冠に水瓶《すいびょう》を顕しています。この水瓶には智慧の水が入っています。

如来が悟りという華を咲かせると、再びその種を我々衆生の心水の中に散じます。やがて芽を起こすと華が咲きます。朝に花を咲かせ、夕暮れには蕾《つぼ》む。

そんな心の蓮華を持っているのです。

真言の中の「サンザンザンサク」は、大勢至菩薩のお働きを顕しており、我々衆生を智慧の光で照らし、迷い苦しみからお救いくださる仏という意味があります。

日々修行する我々がさまざまな苦境に迷い、道を外れることなく、正しい道を歩むように導いていただけます。

普《ふ》賢《げん》菩《ぼ》薩《さつ》

種子

アン

功徳

滅罪　延命
女性守護

真言

オン　サンマヤ　サトバン

普賢菩薩は法華経《ほけきょう》を信仰する者を守護する仏とされ、特に法華経は女性救済を説くことから女性からの信仰が篤い仏さまでもあります。

普賢菩薩は6つの牙《きば》を持つ白象《びゃくぞう》に乗ってありとあらゆるところへ顕れて我々に手を差し伸べてくださいます。

白象の牙は、布施《ふせ》、持戒《じかい》、忍辱《にんにく》、精進《しょうじん》、禅定《ぜんじょう》、智慧《ちえ》という悟りに至るための6つの修行を示しています。これを六波羅蜜《ろくはらみつ》と言い、我々が日常生活で実践できる修行です。閼伽《あか》（水のこと）、塗香《ずこう》、華鬘《けまん》、焼香、飯食《ばんじき》、灯明という六種供養でもって、六波羅蜜のそれぞれを供養することが修行になります。暮らしの中での修行の大切さを行動で示すことから、実践的な働きを司る仏さまです。

なお、真言の「サトバン」には「入我我入」という意味が含まれています。「我が本尊の身に入り、本尊も我が身に入る」という意味です。「サンマヤ」は「三昧耶《さんまや》」と漢字で書くこともありますが、「平等」を意味しています。つまり我々衆生と仏さまは本来「不二平等」、同じであることを顕しているのです。

文《もん》殊《じゅ》菩《ぼ》薩《さつ》

種子

マン

功徳

学業成就　合格祈願

弁舌

真言

オン　アラハシャノウ

文殊菩薩は、正式には文殊師利菩薩《もんじゅしりぼさつ》とお呼びします。文殊師利はサンスクリット語で妙吉祥《みょうきちじょう》という意味があります。よって、妙吉祥菩薩とお呼びすることもあります。真言の「アラハシャノウ」は、我々の願いを満たすという意味があり、文殊菩薩の吉祥の功徳を顕しています。

じつは密教では文殊菩薩を大きく四種類に分けています。五字文殊《ごじもんじゅ》、八字文殊《はちじもんじゅ》、六字文殊《ろくじもんじゅ》、一字文殊《いちじもんじゅ》とお呼びし、頭の髻《まげ》の数や真言等によって違いがあります。

仏像等で目にするお姿は、一般的に五字文殊菩薩のお姿が多いでしょう。**五字文殊は、除災や敬愛の功徳があります。また、人付き合いに悩まれたときに向き合うのもよいでしょう。**

文殊菩薩は左手に青蓮華《しょうれんげ》を持ち、その上には般若の経典を載せています。「三人寄れば文殊の知恵」という言葉もありますが、この経典で我々衆生に智慧を示しているのです。**これから受験を控えた学生には合格祈願を祈る仏さまとしても有名です。**

弥勒菩薩《みろくぼさつ》

種子

ユ

功徳

無病息災　前進
未来への希望　滅罪

真言

オン　マイタレイヤ　ソワカ

弥勒菩薩はお釈迦さまの弟子でしたが、死後に天上の兜率天《とそつてん》に生まれ変わり、56億7000万年後に、我々人間の世界に下生《げしょう》し、説法されると伝えられています。お釈迦様の教えに遭えず救われなかった人々を救済するためです。

現在、弥勒菩薩は仏教世界の須弥山《しゅみせん》の上空にある兜率天で修行しています。

弘法大師空海は入滅される3月21日の少し前、3月15日に弟子たちを集められ御遺告《ごゆいごう》をされ、このようにお話しされました。

「私は兜率天へのぼり、弥勒菩薩の御前に参る。そして私は雲の間から地上をのぞき、そなたたちをよく観察している。そして、56億7000万年後、私は必ず弥勒菩薩とともに下生する」

このような信仰もあり、弘法大師空海の種子は弥勒菩薩と同じ「ユ」の種子を使っています。

真言の「オン　マイタレイヤ」は「弥勒菩薩に帰依します」という意味です。56億7000万年後に人間界にお姿を顕してくださることから、未来への願いが込められている真言と言えるでしょう。

虚《こ》空《くう》蔵《ぞう》菩《ぼ》薩《さつ》

種子

タラク

功徳

福徳　智慧　記憶力

真言

ノウボ　アキャシャ　ギャラバヤ　オンアリ　キャマリ
ボリ　ソワカ

虚空蔵菩薩の真言の中の「アキャシャ」は空虚、「ギャラバヤ」は蔵という意味です。その通り、「無限の蔵」という意味が込められているので虚空蔵菩薩とお呼びします。

虚空が広大ですべてのものを包み込み蔵しているように、手に持つ如意宝珠は我々衆生に無量無辺の智慧と福徳を与えてくださいます。

虚空蔵菩薩には**「虚空蔵求聞持法《こくうぞうぐもんじほう》」**という特別な修行法が存在します。虚空蔵菩薩の真言を50日から100日間の日数を定めて百万遍唱えるという修行です。正しい作法に従ってこの修行をすると、聞持聡明といい、一度聞いて見たことはよく理解して忘れることがありません。無限の記憶力が具わるとされる密教の秘法です。弘法大師空海は出家以前から師に従い、この法を修行したと伝えられ、今現在、日本に密教が伝わっているのも、この時の求聞持法が成就したからこそでしょう。

今でも多くの人が智慧と無限の記憶力を求めて手を合わせます。

地《じ》蔵《ぞう》菩《ぼ》薩《さつ》

種子

カ

功徳

滅罪　福徳　子育て

真言

オン　カカカ　ビサンマエイ　ソワカ

親しみを込めて「お地蔵さん」とお呼びする有名な仏さまです。

お寺の境内だけでなく、地域で守られている祠《ほこら》にお祀《まつ》りされていることも多い菩薩です。サンスクリット語では「クシティガルバ」という名があり、「大地を自分の蔵とする者」という意味になります。

我々が常に踏んでいるこの大地は、恵みを生む蔵です。金銀財宝といった宝だけでなく、時には生命さえも生む大地の蔵。まさに大地の如意宝珠と言えるでしょう。

大地のずっと底、苦しみにあふれた地獄には閻魔《えんま》天がおられます。

実は閻魔天は地蔵菩薩の化身とされています。地上では地蔵菩薩が、地下の地獄では冥府《めいふ》を担当する閻魔天がそれぞれ担当されています。

右のイラストに描かれた姿は、一般的な錫杖《しゃくじょう》を持つ地蔵菩薩の姿とは違います。こちらは胎蔵曼荼羅に描かれる地蔵菩薩のもう一つの姿です。

大地の宝を顕すように、地蔵菩薩は手に如意宝珠をお持ちです。

如意宝珠から宝が溢れて我々を満たしてくださるでしょう。

般《はん》若《にゃ》菩《ぼ》薩《さつ》

種子

ヂク

功徳

智慧　煩悩断滅

真言

オン　ヂ　シリシュロタビジャエイ　ソワカ

般若菩薩は「智慧」の象徴とされる仏さまです。

有名な般若心経《はんにゃしんぎょう》という経典の最後には、漢字で書かれてはいますが、般若菩薩の真言が含まれています。

「ギャテイギャテイ　ハラギャテイ　ハラソウギャテイ　ボウヂソワカ」の部分で、「皆一緒に悟りの彼岸《ひがん》、浄土へ到達して一切を成就しよう」という意味です。

弘法大師空海はこの般若心経の真言を大宇宙の真実、真理そのものだと説いています。

わずかに三遍を誦ずれば般若の智慧を獲得すると伝わる尊い真言です。

真言「オン　ヂ　シリシュロタビジャエイ　ソワカ」の「シリシュロタビジャエイ」は「吉祥な般若の経典を得る者」を意味します。

般若の智慧に触れることで仏を生み出す力をもっており、別名「般若仏母《はんにゃぶつも》」とも呼ばれます。

般若菩薩は身に甲冑をまとい般若の経典を持ちます。眷属には梵天《ぼんてん》と帝釈天《たいしゃくてん》、そして鬼神までも従えています。

我々をしっかりと守護し、迷いを晴らして智慧を授けてくださる仏さまです。

不動明王《ふどうみょうおう》

種子

カン

功徳

災難消除　善への導き

真言

ノウマクサマンダバザラダン　センダ　マカロシャダ
ソワタヤ　ウンタラタ　カンマン

明王といえば不動明王というほど代表的な明王です。**不動明王は大日如来が忿怒《ふんぬ》を顕した姿です。**怖い顔や姿は明王の特徴の一つになります。不動明王は鋭利な剣と羂索《けんさく》という縄を持ちます。その力強いお姿から守護を願う方も多いでしょう。

代表的な不動明王の真言は慈救呪《じくじゅ》と呼ばれます。「ノウマク　サマンダバザラダン」は、「遍満する諸金剛尊に帰依する」。「センダ」は「暴悪」。「マカロシャダ」は「大《だい》忿怒《ふんぬ》」。「ソワタヤ」は「破壊」。「ウン」は「恐怖」、「タラタ」は「堅固」。「カンマン」は不動明王の種子で、「遍満する諸金剛尊に帰依します」と意味します。「暴悪なる大忿怒尊よ。破壊したまえ。害障を摧破したまえ。カンマン」となります。

不動明王にはもう少し長い火界呪《かかいじゅ》という真言もあります。こちらも一切の障難、害障を破壊する意味が含まれています。

どちらの真言もとても力強さがあります。怖いお顔をしていますが、その心の中は慈悲に溢れています。力を振るって必ず救おうとその姿で示しているのです。

どんな障難も、大忿怒尊である不動明王はその大いなる力をもって必ずお助けくださいます。

降三世明王《ごうざんぜみょうおう》

種子

ウン

功徳

煩悩断滅　戦勝

真言

オン　ソンバ　ニソンバ　ウン　バザラ　ウンパッタ

明王は、如来が導き難い相手に対して忿怒尊《ふんぬそん》に姿を変えて導きます。これを教令《きょうりょう》輪身《りんじん》といいます。阿閦如来《あしゅくにょらい》の教令輪身が降三世明王です。お名前の三世とは過去、現在、未来のこと。三毒と呼ばれる人間の煩悩のうちの根源的な苦しみの原因である「貪瞋痴《とんじんち》」を意味します。三毒はそれぞれ、貪欲《どんよく》・瞋恚《しんに》（怒り・憎しみ・恨み）・愚痴《ぐち》の煩悩を示します。

降三世明王は三毒を除いてくださる明王といえるでしょう。

真言の「オンソンバニソンバ」は「降三世明王に帰依します」。「ウン」は「摧破」。「バザラ」は「金剛」。「ウンパッタ」は「破壊」。つまり、「降三世明王に帰依します。金剛の永遠不壊の尊よ。破壊したまえ」。このような意味になります。

大自在天と、その妻の烏摩妃《うまひ》は如来の説法を聞かなかったために、如来は降三世明王に姿を変えて踏み殺しました。そしてもう一度、命を吹き込み改心させたのです。

どこか恐ろしい話ではありますが、降三世明王は戦勝にも祈られた明王です。この圧倒的な畏怖、力強さが、そのままに功徳を顕しているといえるでしょう。

軍《ぐん》荼《だ》利《り》明《みょう》王《おう》

種子

ウン

功徳

浄化　守護

真言

オン　アミリテイ　ウンパッタ

軍荼利明王は、宝生如来が教令輪身です。虚空蔵菩薩の化身とも伝えられています。サンスクリット語で軍荼利は「瓶」という意味を持っています。この瓶の中には不老不死の薬が入っていると言われ、この薬のことを甘露《かんろ》と呼びます。

真言の「オン　アミリテイ」は、「甘露軍荼利に帰依します」。「ウンパッタ」は「破壊」という意味です。軍荼利明王のことを「甘露軍荼利」と呼んでいるのがわかります。

「グンダリ」というお名前には、もう一つ、「螺旋」「蛇を持つ者」という意味もあり、腕に巻き付いた4匹の毒蛇が、我癡、我見、我愛、我慢の四煩悩を顕しています。

この軍荼利明王は大聖歓喜天《だいしょうかんぎてん》と関係が深い明王とされています。我々阿闍梨が聖天を拝む壇の奥には、花を一輪挿した瓶を置いて荘厳《しょうごん》しますが、この瓶は軍荼利明王の三昧耶形《さんまやぎょう》、つまりシンボルです。聖天は悪心を持っており暴走する怖さがあります。軍荼利明王に寄り添ってもらいながら聖天を拝むのです。

障碍からお護りいただき、正しい道へ導く力を持つ仏さまとされています。

大《だい》威《い》徳《とく》明《みょう》王《おう》

種子

キリク

功徳

悪魔降伏　煩悩断滅

真言

オン　シュチリ　キャラロハ　ウンケン　ソワカ

大威徳明王は阿弥陀如来の教令輪身です。文殊菩薩の化身とも伝えられています。サンスクリット語で「ヤマーンタカ」と呼ばれ、死の神である「ヤマ」、つまり閻《えん》魔《ま》を倒す者を意味しています。

明王の中でも特に異形なお姿をされています。六面六臂六足《ろくめんろっぴろくそく》、つまり六つの顔と六本の腕、六本の脚という意味です。別名「六足尊《ろくそくそん》」とも呼ばれています。大威徳明王は水牛に乗っています。水牛は水陸を自在に渡ることから、あの世とこの世を自在に渡ります。迷いの世界と悟りの世界もまた同じように自在に渡ることができるのです。

諸説ありますが、真言の「キャラロハ」は「黒色」、「ウンケン」は「幸福」という意味です。「黒色のお方よ。幸いあれ」という意味があるとされています。

悪夢を見た時には大威徳明王の真言を唱えるとよいとされています。他にも、善人に対して危害を加えようとする悪人から守護してくださる明王として力を振るいます。

金《こん》剛《ごう》夜《や》叉《しゃ》明《みょう》王《おう》

種子

ウン

功徳

息災健康　食欲増進
不浄なものを取り除く

真言

オン　バザラヤキシャ　ウン

金剛夜叉明王は不空成就如来《ふくうじょうじゅにょらい》の教令輪身です。

人を襲い食べる鬼神を夜叉《やしゃ》と呼びますが、この鬼神は大日如来の説法により慈悲の心が芽生えます。それまでの行いを反省して仏教に帰依し、悪心と煩悩を食べる金剛夜叉明王となりました。


金剛夜叉明王の真言は、食事に関して特にその力を発揮します。

我々人間は食べ物を摂取して栄養にします。

「野菜を食べれば食物繊維やビタミンが補給され、鉄のフライパンや鍋で調理すれば鉄分も摂取できていいだろう」など、専門家でなくても誰しも少しは食物の栄養についての知識があるでしょう。食べることは薬であり、治療にもなるのです。

金剛夜叉明王はその牙をもって我々衆生の煩悩、欲心、悪心を残さず噉《く》らい呑《の》みこんでくれます。

特に食欲が落ちた時には金剛夜叉明王の真言を唱えれば牙の力が顕れるでしょう。

烏《う》樞《す》沙《さ》摩《ま》明《みょう》王《おう》

種子

ウン

功徳

不浄を焼き払い浄化する　安全
母子の守護　夜泣き封じ

真言

オン　クロダノウ　ウンジャク

サンスクリット語のお名前を音写して「烏樞沙摩《うすさま》」あるいは「烏枢瑟摩《うすしま》」等、二通りで呼ばれており、表記に使われる漢字も数種類あります。

「烏樞沙摩」とは、「パチパチと爆《は》ぜる音を響かせて現れる者」という意味で、じつは「火天《かてん》」の別名とも言われています。**そのたいへん強い炎であなたを清めていただけます。とても浄化に優れた明王で、現代では「トイレの神さま」とも呼ばれていま す。**トイレは古くから怨霊の通り道と考えられてたため、烏樞沙摩明王の御札がよく貼られていました。烏樞沙摩明王の浄化の力によって、穢れることがない、清らかな場に変える功徳があります。

真言の「クロダノウ」は「解穢《けえ》」と言って、「清浄を得る」「穢れを除く」という意味です。「ジャク」の字は、「魔を捕縛する」という意味があり、烏樞沙摩明王の持物《じもつ》である羂索《けんじゃく》と呼ばれる縄がこの力を示しています。

子どもの夜泣きを止め、病を治す力もあることから、子育てに忙しい母親からの信仰を集めています。出産が遅れている時にもこの真言の力が顕れるとされ、出産を控えている母親からも人気です。

愛染明王《あいぜんみょうおう》

種子

ウン

功徳

良縁成就　恋愛成就　夫婦円満
福徳　所願成就

真言

オン　マカラギャ　バゾロシュニシャ　バザラサトバ
ジャクウンバンコク

愛染明王は、全身紅色のお姿で有名な仏さまです。お名前に「愛」の字が含まれていることから、恋愛に対して力を発揮すると、恋愛成就を願う方、とくに若い女性から絶大な信仰があります。

サンスクリット語のお名前は「ラーガラージャ」と言います。「ラーガ」は「紅色」という意味で、我々の煩悩、欲を意味しており、「ラージャ」は「王」という意味をもっています。

仏教では煩悩を捨てることが悟りに至る方法とされていますが、密教ではその煩悩をとても大切にします。煩悩と悟りはとても近い所に存在すると捉えているからです。**近いからこそ煩悩に妨げられますが、近いからこそ悟りに至る縁になるのです。愛染明王は密教らしい、誰しもが持つ愛の仏さまと言えるでしょう。**

愛染明王は宝瓶《ほうびょう》の上の蓮華に坐しています。この宝瓶からは宝物が溢れ出ています。**恋愛だけでなく、我々衆生の想うままに、その願いを叶えてくれるでしょう。**愛染明王の左手の拳には、あなたの願いを握っています。

真言の「オンマカラギャ」は「帰命し奉る偉大なる愛染尊よ」という意味です。心から愛染明王を観じ、真言を唱えることが大切です。

孔《く》雀《じゃく》明《みょう》王《おう》

種子

ユ

功徳

浄化　守護　五穀豊穰

真言

オン　マユラ　ギランデイ　ソワカ

孔雀は自由自在に恵みの雨を降らせる吉鳥とされています。農家の方にとって雨は農作物の成長に必要不可欠な特別大切なものです。しかし天気を我々人間が思いのままにコントロールすることはできません。昔は雨が少なく、農作物はもとより人間の飲み水にも支障をきたすときは、雨乞《あまご》いのために孔雀明王に祈祷《きとう》する「祈雨法《きうほう》」という修法がよく行われました。現在では気象観測が発達し、ダムなどの建設も進んだため、昔よりも祈雨法に頼ることは少なくなりました。

現代では、孔雀が毒蛇を食べることから、毒を除くお力にすがる方が増えています。

孔雀を座とするお姿がとても魅力的なこともあり、崇拝する方は後を絶ちません。

真言のことを別名「明《みょう》」と呼びます。孔雀明王の「明」、つまり真言が特別強いことから「王」の字を当てて「孔雀明王」と呼ばれているのです。孔雀明王を明王と呼びながらもその表情が忿怒の相をしていないのも、明王ではないからと伝えられています。

孔雀明王の明、真言をお唱えすることで、我々の身体から毒を除き浄化してくださいます。

太《たい》元《げん》帥明《みょう》王《おう》

種子

バン

功徳

鎮護国家　戦勝

真言

ノウボウ　タリツタボリツハラボリツ　シャキンメイシャキンメ
イタラサンダンオエンビ　ソワカ

太元帥明王には伝統的な読み方が存在します。太元帥の「帥」の字は発音せずに「太元帥《たいげん》明王《みょうおう》」とお呼びします。別名・曠野鬼神大将《こうやきじんたいしょう》とも呼ばれ、林に住んで弱者を食い殺す悪鬼でしたが、大日如来の説法によって改心し、国土を守護する明王となりました。

毘沙門天の眷属に、八大夜叉大将《はちだいやしゃたいしょう》と呼ばれる、元は悪を働く鬼神でしたが仏教に帰依した八尊の夜叉がいます。太元帥明王はその中の一尊で、別名・無比力夜叉《むひりきやしゃ》ともお呼びします。

奈良県秋篠寺《あきしのでら》はその昔、境内の閼伽井戸《あかいど》に水を汲みに行くと水面に荒々しい忿怒の相をした明王が写ったことから、太元帥明王が顕れた伝説のお寺として有名です。一年に一度、六月六日のみ御開帳され、太元帥明王像と閼伽井戸にお参りできます。

大元帥明王は悪霊に対してもその力を振るうと言われ、我々を強力な力で守護してくださいます。必勝祈願の本尊としてもその力強い功徳が顕れています。

両頭愛染明王《りょうずあいぜんみょうおう》

種子

コク

功徳

開運厄除　諸願成就

真言

ウンシッチ　カンマン

両頭愛染明王のことを別名「厄神明王《やくじんみょうおう》」とお呼びします。兵庫県西宮市にあります東光寺というお寺に門戸厄神《もんどやくじん》という名でお祀りされているのが有名です。

そのお姿は愛染明王とは違い、愛染明王と不動明王の二尊が融合した珍しいお姿をしています。本来仏さまのお姿とは儀軌《ぎき》という経典にお顔や腕の数や表情、何を持っているのか、色までも詳細に記述されています。つまりテキストから仏像や仏画へ、お姿に変換して表現しています。

しかし、両頭愛染明王はこのルールから外れているのです。この仏さまは嵯峨《さが》天皇が厄年の頃に、愛染明王と不動明王が一体となって夢に現れたときのお姿なのです。弘法大師空海に、嵯峨天皇の一切の厄災を払う祈願を命じたと伝えられています。

当院（牧野山蓮乗院）に両頭愛染曼荼羅がありますが、仏像、曼荼羅ともにお祀りしている寺院は全国的にも少ないでしょう。両頭愛染明王法は古来秘法とされているため、そのお姿を示すことが少ないからだと考えられています。

真言の「ウンシッチ」が「愛染明王」。「カンマン」が「不動明王」。真言もお姿と同じように、二尊一体となった深秘《じんぴ》なものとなっています。

三宝荒神《さんぼうこうじん》

種子

ウン

功徳

災難除去　家内安全　火災除け

真言

オン　ケンバヤケンバヤ　ソワカ

三宝荒神とは荒魂《あらみたま》のことで、修験道の開祖とされる役行者《えんのぎょうじゃ》が修行し、感得《かんとく》した仏さまです。

別名、剣婆神《けんばしん》という名前でも呼ばれ、真言にも含まれる「ケンバ」がそのまま名前の意味をもっています。

剣婆神とは「地震」「災い」を意味しています。我々は天災、震災の度に、大自然の恐ろしさを感じます。震災の爪痕はどこにでも存在します。その怖さ、恐ろしさを神格化した仏様です。

このように三宝荒神は災いそのものなのです。とても丁寧にお祀りすることを大切にしています。三宝荒神の御札も清浄《しょうじょう》な場所にお祀りします。昔から台所、竈《かまど》が最も清浄な場所であるとされたことから、火と竈の神としても定着していきました。

災いそのものであるけれど、密教では〝そのもの〟だからこそ、お祀りし供養すれば鎮められると考えます。災いをコントロールすることは難しいことですが、大難を小難に、小難を無難に……と願い、日々祈りを重ねています。

梵《ぼん》天《てん》

種子

ボラ

功徳

創造　立身出世　福徳

真言

オン　ボラカンマネイ　ソワカ

お釈迦様さまが菩提樹《ぼだいじゅ》の下で悟りを開かれた時、「この深い真理は煩悩に支配された我々衆生には理解できないから法を説いても無駄なことだろう」と考えました。そこへ梵天が現れます。梵天はお釈迦さまに法を説くように何度も説得します。お釈迦さまは梵天の願いを聞いて考えを改めました。この世で衆生のために説法をする決意をしたのです。

この話は「梵天勧請《ぼんてんかんじょう》」という仏教の始まりといえる大切な話です。**梵天のおかげで今の仏教があると言えるでしょう。** 他にも、真言を表記する文字、梵字《ぼんじ》も、梵天が創造した文字という伝説も存在します。

梵天は天部であっても菩薩に近い存在ですから、仏法を護るため、広めるための行いまでしっかりと衆生のためにお働きになります。梵天は天部の中でも最高位とされていますが、このような話から、悪さをする鬼神とは違う存在ということがわかります。

梵天は宇宙創造の神とも言われています。創造力を必要とする芸術家の方々からの信仰を集めている仏さまです。

帝釈天《たいしゃくてん》

種子

イ

功徳

立身出世　戦勝　守護　鎮護国家

真言

オン　インダラヤ　ソワカ

釈迦如来を中心にした両脇に、帝釈天と梵天を三尊でお祀りすることがあります。

帝釈天も梵天と同じように天部の中でとても位の高い仏さまで、四天王である持《じ》国《こく》天《てん》、増長天《ぞうちょうてん》、広目天《こうもくてん》、多聞天《たもんてん》を眷属にしています。

帝釈天は須弥山《しゅみせん》の頂上にある善見城《ぜんけんじょう》や喜見城《きけんじょう》と呼ばれるお城の中の殊勝殿《しゅしょうでん》に住んでいます。

天空を駆け巡り戦っていたことから、昔は戦いの神として信仰されてきました。仏教に取り入れられてからは戦いの神という荒々しさは薄くなり、修行時代のお釈迦さまを守護したことから慈悲深さが強く顕れています。

四天王を従えていたり、仏法を守護する役割を持つなど帝釈天が高い地位におられることから、**出世や戦勝、守護など、そのご利益にも信仰が集まる仏さまです。**

訶梨帝母《かりていも》

種子
ウン

功徳
子宝　安産　子育て
子どもの守護

真言
オン　ドドマリギャキテイ　ソワカ

訶梨帝母はサンスクリット語でのお名前をハリティとお呼びします。密教では訶梨《かり》帝《てい》が名で、そこに「母」の字を付けて訶梨帝母《かりていも》とお呼びします。

訶梨帝母はとても子どもが多く、五百とも一千とも一万とも伝えられています。たくさんの子どもがいるので、栄養をつけるために人間の子どもを食べていました。見かねたお釈迦様は訶梨帝母の末子の氷迦羅天《ひょうぎゃらてん》を隠し、訶梨帝母に我が子を失う母の気持ちと命の大切さを説きました。改心した訶梨帝母は、仏教に帰依し、子どもを護る善神になりました。

訶梨帝母にたくさんの子どもがいることから安産や子宝、子育ての功徳があるとされ、子どもを守護する母親のような女神です。別名、鬼子母神《きしもじん》ともお呼びします。

今でも人の味が恋しくなると、代わりに人の血の味に似ていると言われる柘榴《ざくろ》を食べると伝わっています。柘榴は種の多い果実です。この柘榴もまた子宝の象徴といえるでしょう。

毘沙門天《びしゃもんてん》

種子

ベイ

功徳

戦勝　合格祈願　学業成就
武道成就　商売繁盛

真言

オン　ベイシラマンダヤ　ソワカ

四天王には担当する方角が存在します。東方が持国天、南方が増長天、西方が広目天、北方が多聞天です。毘沙門天のことを「四天王」というグループのときは多聞天と呼び、単尊のときは、毘沙門天と呼び分けすることになっています。つまり四天王の多聞天と毘沙門天は同じ仏さまということになります。

須弥山《しゅみせん》の周りを四天王が守護しており、その四天王の中でも最強と伝えられている力をもっているのが毘沙門天です。

現代では七福神の一尊としても有名で、現世利益を満たす福徳の神さまとしても信仰を集めています。

真言の「ベイシラマンダ」はお名前を示しており、この音を中国で音写したときに「毘沙門」となりました。別名の多聞天の「多聞」とは、「仏さまの説法をよく聞く者」という意味から、「多く聞く」と訳されました。

「多聞」と言えば正しい教えをよく知り、博識であることから、学業に功徳があるとされ、学生と親からの信仰を集めている仏さまです。

四天王最強として学生の戦いの場、受験戦争では特にそのお力を示してくださるでしょう。

吉祥天《きちじょうてん》

種子

シリ

功徳

福徳　繁栄　五穀豊穣
美を授ける

真言

オン　マカシリヤエイ
ソワカ

大黒天、毘沙門天《びしゃもんてん》、恵比寿天《えびすてん》、寿老人《じゅろうじん》、福禄寿《ふくろくじゅ》、弁才天、布袋尊《ほていそん》の七福神に一尊足して、八福神としてお祀りしている地域があります。

東京都八王子市には、八番目の神さまとして、吉祥天を足した八福神の霊場があります。吉祥天は七福神に加わるほどのお力のある福徳の女神です。

名前はサンスクリット語でマハーシュリーとお呼びします。

真言の「マカシリ」はこのお名前を意味しています。

吉祥天は毘沙門天の妃と伝えられており、その姿は絶世の美女と伝えられています。美を司る女神として、美容に関係する仕事をされる方の信仰があります。

左手には如意宝珠を持ち、右手は与願印《よがんいん》という印を我々に向けています。如意宝珠からは望むものが望むだけ溢れ出て、我々衆生にお与えくださいます。

美と繁栄、豊穣、現世利益《げんぜりやく》の代表ともいえる美しい女神さまです。

閻魔天《えんまてん》

種子

ヤン

功徳

延命　災難除去　病気平癒

真言

オン　エンマヤ　ソワカ

幼い頃、「嘘をつくと閻魔さまに舌を抜かれる」と聞いたことはありませんか。

嘘つきは死んだ後、閻魔大王の裁判でその罪で地獄行きになり、鬼に舌を抜かれる。だから、嘘をついてはいけないよという、子どものしつけのためによく使われる話です。

閻魔天のお名前をサンスクリット語で「ヤマ」とお呼びします。真言の「エンマ」はこの名前を意味しています。

閻魔天はもともとは天上の世界に住んでいましたが、今は地獄の世界の裁判所に赴き、裁判官として審判をくだす役目を担っていらっしゃいます。

閻魔天は延命や除災、除病といった功徳があります。そこに地獄といった怖いイメージはありません。実際に、我々をいかなる境地からもお救いくださる慈悲深い閻魔天として信仰されています。

閻魔天は、じつは地蔵菩薩が姿を変えていると考えられていて、その心の中には地蔵菩薩が宿っていると伝えられています。

弁才天《べんざいてん》

種子

𑖭

ソ

功徳

福徳　立身出世　才能開花
芸技上達　商売繁盛　弁舌

真言

オン　ソラソバテイエイ　ソワカ

七福神の一尊としても有名な弁才天女。

旧字体で辯才天、辨財天と書くこともあります。弁天、妙音天《みょうおんてん》と呼ぶこともある有名な女神です。

弁才天はサラスバティーと呼ばれるインドの水の女神が元になっています。真言の「ソラソバテイエイ」はその名前を意味しています。

弁才天は琵琶を持つお姿が有名ですが、よどみなく流れる清き水のごとく、とても美しい音色を奏でることから、妙音の功徳を示しています。

ゆえに音楽などの芸事や弁舌にその功徳が顕れるのです。

才能が開花すると自然と富が集まり豊かに繁栄していきます。それも福の神である弁才天の金銀財宝という福徳の顕れです。

今回描かれたお姿は8本の腕をもつ弁才天です。こちらのお姿の弁才天は芸事などの才能より、金運や出世といった福徳の功徳が強いとされています。

お姿によって功徳の違いを選んでお参りされる方がいるほど、その功徳におすがりされる方も多い、人気のある女神です。

大黒天《だいこくてん》

種子

𑖦

マ

功徳

福徳　商売繁盛　延命　七難即滅

真言

オン　マカキャラヤ　ソワカ

七福神の一尊としても有名な大黒天神。

真言の「マカ」は大いなる、「キャラ」は暗黒を意味していることから大黒天とお呼びします。

一般的に有名なお姿は頭巾をかぶり、小槌を持ち、米俵の上に立つ少しふくよかな姿でしょう。胎蔵曼荼羅に描かれる大黒天の姿はとても怖い武器を持つ鬼のような姿です。

今回描いたイラストは小槌を持たない大黒天の原形ともいえる姿で、一般的に有名な大黒天の姿との共通点は袋を持っているところです。

福の神として有名ですが、元々は戦いの神さまでした。現代は昔のような戦さは減り、大黒天に戦勝祈願することも減りましたが、時代とともに、戦いの場は商いへと変わっていきました。

現在は、商売敵に勝つための戦勝に変化して信仰を集めるようになりました。

七難というさまざまな災いを速やかに消して福を招く、まさに福の神と呼ぶにふさわしい神さまです。

摩《ま》利《り》支《し》天《てん》

種子

マ

功徳

守護　戦勝　渡航安全
旅行安全

真言

オン　マリシエイ　ソワカ

サンスクリット語でマリーチというお名前が、そのまま真言にもある「マリシ」というお名前を意味しています。

摩利支《まりし》とは陽炎《かげろう》や威光、つまり太陽や月の光のことです。陽炎は強い日射により地面が熱せられ、立ち上る蒸気によって地面が炎のゆらめきのように揺れたり歪《ゆが》んで見える現象です。直視してもその実体を捉えることはできません。

それゆえ、摩利支天は誰にも見られず、攻撃されることもなく、傷つけられることのない存在とされています。

この性質の通り、姿を隠して身を護る、隠形《おんぎょう》の功徳があります。

昔、戦の多い時代では摩利支天に必勝祈願を行い、戦勝をほしいままにしました。特に戦では小さな摩利支天像をお守りとして身に着け、そのご利益にあずかりました。

現代では旅行などの安全、災難を打ち破る功徳が有名です。

今回描いた摩利支天は密教でよく拝まれる天女の姿を描きました。手に持つ団扇《うちわ》が太陽の強い光明を我々に顕しています。

龍神《りゅうじん》（諸龍《しょりゅう》）

種子

ノウ

功徳

福徳　五穀豊穣　立身出世

真言

オン　メイギャシャニエイ　ソワカ

日本では、雨が降る日は「あいにくの天気の中……」とご挨拶が始まることがよくあります。

仏教の世界観では、雨が降ると天空には龍が飛んでいると考えます。龍が飛んでいるというその証明として雨が降っていると考えるのです。

水不足で困っているとき、田畑に水が必要なときは、まさにこの龍に祈るのがふさわしいでしょう。

龍の真言の「メイギャ」には雲という意味があると伝わります。

龍神に心から祈りを捧げると、雲の隙間からそのお姿を顕すこともあるかもしれません。

龍は爪に如意宝珠を持つことからも、福徳を天空から雨《ふ》らしてくださいます。雨だけではなく、きっと大空を飛ぶように、あなたを幸運へと導いてくれるでしょう。

龍と一言にいってもさまざまな龍がいます。今回描いた姿は善如龍王《ぜんにょりゅうおう》、別名・清《せい》瀧権現《りゅうごんげん》と呼ばれます。弘法大師空海が日本へ帰国する際、船中に現れ密教を守護することを誓い、ともに海を渡ったと伝えられています。

大《だい》聖《しょう》歓《かん》喜《ぎ》天《てん》

種子

ギャクギャク

功徳

息災　夫婦和合　良縁成就　福徳
家庭円満　所願成就

真言

オン　キリギャクウン　ソワカ／
オン　ギャクギャク　ウン　ソワカ

大聖歓喜天は、お名前の「聖」と「天」の字を抜き出して聖天《しょうてん》、あるいは濁点をつけて聖天《しょうでん》とお呼びすることもあります。毘那耶迦《びなやきゃ》とも呼ばれており、ここに聖天の性格が顕れています。

毘那耶迦は象頭人身の姿をした障碍神《しょうげしん》です。障碍神とは、障碍を起こして修行者の邪魔をしてその功徳を奪おうとする者、つまり悪心を秘めた鬼神です。とても欲深い性格で、強大な力を持っていますが、仏法を聞く状態にありません。そこでたくさんの供養、つまり接待を丁寧にします。すると必ず願いを聞いていただけるでしょう。

悪心を秘めた聖天はまるで動物の象と同じように突然暴走します。そこで十一面観音菩薩が同じ象頭人身の姿に変化して現れます。簡単に言えば、抱き合う姿は夫婦の姿です。双身となり、十一面観音は聖天様が暴走しないように常に抱き合いながらすぐそばにいらっしゃいます。その証に毘那耶迦の足を十一面観音菩薩が踏みつけているのです。お二人で大聖歓喜天なのです。

抱き合うそのお姿から夫婦和合のご利益があると信仰を集めています。

第5章

日々の真言の唱え方

願いが叶う真言の唱え方

真言は「仏さまの発する言葉」と申しました。

それは私たち人間が日常で使う言葉とは大きく違います。

私たちが普段何気なく使う言葉は、さまざまな感情に満ちています。時として、不安、心配、焦り、嫉妬《しっと》、嫌悪など悪感情といわれるものも多分にあるものです。

しかし、真言には、そのような感情は一切ありません。

そして、人間の言葉では表現できない、この世の事象の深い意味、秘密の宇宙の真理、つまり仏さまは仏法を表しています。

真言を唱えるときは、仏さまに意識をまっすぐ向けることが大切になってきます。

そうやって正しく心を重ねた真言には、あなたの真の想いが宿ります。

「唱える」ということは、自分で声を出しながら、自分がその声を聞いていることになります。これがとても大切なことです。「唱える」ことによって、自分の内側に、仏さまの限りない大いなる功徳を受け止めていることになるからです。

真言を唱えることで、仏さまの功徳が身に付き、それによって迷いの道が開けて、さまざまな功徳を受けることができるようになります。

真言の選び方は「好きな仏さま」でかまわない

人の願いは現世利益を求めるものが圧倒的に多いでしょう。前述したようにそれはいけないことではありません。**本書の仏さまの功徳から、今の自分の想い、願いにふさわしい仏さま、真言を選んでよいのです。**

仏さまの性質や功徳だったりを一切気にせず、仏像や本書のイラストを見て、「この仏さまがいいな」と、惹かれるお方の真言をひたすら唱えるのでももちろんかまいません。個人的にはむしろそのほうがスムーズに仏さまとご縁が結べるように思います。

たとえば、あなたが孔雀明王《くじゃくみょうおう》のファンであるとします。そして、あなたのいま一番の願いは「ある試験の合格」だとします。孔雀明王の功徳にそれに通じるものが書かれていないとしても、孔雀明王が好きなのであればその真言を唱え続けたらいいのです。

よく知らない仏さまをイメージすることは難しいですし、どの仏さまもオールマイティなお力を持つ大日如来《だいにちにょらい》の功徳の一端の顕れと捉えれば、「合格祈願は〇〇でなければいけない」なんてことはないからです。

現実的に考えても、「お金にはこの真言」「健康にはこの真言」と処方箋《しょほうせん》のように真言を選んだところで、すべての真言をスラスラ言えるようになるのは大変なことです。**優先する願いごとを一つ決めて、自分の好きな仏さまの真言を唱えるところから始めてみるとよいでしょう。**

真言は3回唱えることから始めよう

真言は仏さまのお力を信じて、数多く唱えることで願いが叶うという信仰があります。

たとえば、「虚空蔵求聞持法《こくうぞうぐもんじほう》」という修行があります。それは、虚空蔵菩薩を念じ、真言を１００日で１００万回唱えると、どんな経典も覚えることができて、決して忘れることがなくなる。そういった無限の記憶力を得ることができる、弘法大師空海も行った修行です。

このような厳しい修行は別として、**一般に真言を唱える場合は、3回、7回、21回、１０８回を基準にするとよいでしょう。**

真言によっては、前述した光明真言のように、薬師如来の眷属の十二神将の数に合わせて12回といった教えもまれに存在しますが、基本的には3、7、21、１０８回に合わせておけばよろしいでしょう。

できれば、何度唱えたかというのは、わかったほうが望ましいものです。

しかし回数が増えていくと、「何回唱えたかな?」と、回数にばかり意識してしまいがちです。ご存じの方も多いと思いますが、念珠《ねんじゅ》はそろばんのように、珠《たま》を使って唱えた回数を数える法具です。

なかなか慣れないという方へのおすすめとしましては、小皿を二つ用意して、片方にたとえば大豆やおはじきを唱える数分だけ入れておいて、一回唱えるたびに隣の小皿に移すという方法です。

そうやっていたとしても回数が多くなると、「豆を動かしたっけ？」となったりします。

そのような場合は、厳密ではなくてもかまわないので、回数を多めに唱えておくとよいとされています。たとえば、あと3〜4回で108回になりそうと思ったら、多めに7回多く唱えておくといった方法です。

毎日唱える習慣をつけるのがベスト

自分で回数を決めて、毎日続ける習慣にすることができたらベストです。朝や眠りにつく前、出かける前にお仏壇に手を合わせてなど、自分の好きな時間と場所を選んでかまいません。

毎日のルーティンとして、たとえば、「毎朝、7回唱える」というふうに習慣にするのが理想ですが、最初は「毎日どこかのタイミングで3回唱える」として、朝でも夕方でも夜でも、少し心を落ち着けて静かになれるタイミングで心を込めて三度唱えるというところから慣れていくのもよいでしょう。

大切なのは、真言を毎日唱えると決めたのであれば、それを守ることです。それは仏さまとの小さな約束だからです。

もちろん人間ですから、疲れてできない日もあるでしょう。

休息も大切なことです。翌日からまた気持ちを新たに始めればいいのです。

「三日坊主をしたらバチが当たる」なんてことはありませんが、現実社会でも約束を破ってばかりの人は信頼されませんよね。自分がした約束を反古《ほご》にすると、自分という仏の価値が下がります。


仏さまに心を向ける、その一日一日の積み重ねが真の想いとなり、いざというときに仏さまの救いの手が差し伸べられるのです。


真言を自分のものにすることが大事とは申し上げましたが、真言に親しむという意味では、たとえば、毎朝この本を手にして、なんとなく開いたページの仏さまの真言を三度唱えてから会社に行く。そういった方法もありです。大日如来から一尊ずつ、すらすら唱えられるように進めていくのも良いかもしれません。

そうしているうちに、「この仏さまが気になる」「この真言が好きだな」と感じたら、その真言を何度も唱えて自分のものになるようにするとよいでしょう。

意味は気にせずひたすら唱えよう

真言は意味が理解できなくても、読みグセが多少異なっていても、その真言の力は絶大です。

真言宗では、真言はひたすら唱えることが大切であるという教えがあります。テキストを見なくても、暗唱できる。口につくまで唱えられるようになるのが理想です。

もし本書に記述した真言と、あなたがどこかのお寺などで阿闍梨から直接伝授された真言に音の違いがあるとしたら、伝授されたものを優先してください。

なぜ同じ仏さまの真言なのに微妙な違いがあるのかといえば、弘法大師空海が日本に密教を伝え、その教えをたくさんの阿闍梨に授けました。そしてその阿闍梨もまた自分の弟子へと伝えていきました。そんな伝わり方によって、若干の音の違いが生まれるのです。現代ではお寺によって、ここではこのように唱えるという決まりも多くなっています。今日まで受け継いでいるから、伝統になっているのです。

ただ、元を辿れば、その土台には弘法大師空海の教えがあるので、そんな音の違い

に正しいも間違いもありません。どれも正しいものです。

サンスクリット語の発音を調べる必要もまったくありません。伝統として伝わったものが大切で、創作する必要はどこにもないのです。

真言は区切らずつなげて唱えよう

真言をループさせて長く唱えるコツとしては、たとえば、大日如来の真言の「オン　バザラダト　バン」を唱えるとしたら、「オン　バザラダト　バン。」と一度区切ったりしないことです。

「オン　バザラダト　バン　オン　バザラダト　バン　オン　バザラダト　バン……」と、まるで真言が念珠のようにずっと連なるかのように、途切れることなく息が続くところまで唱えるのが良いと言われています。

息継ぎはどこでしてもよく、一息で唱えられるところまで唱えて、また息を吸って、続きから唱えることを続けるようにしてみてください。

姿勢と呼吸に意識を向けよう

真言は仏さまが発する言葉となれば、本来であれば仏さまのような姿勢で唱えることが理想です。背筋を伸ばし、頭のてっぺんから背骨が一直線になるように意識して座りましょう。

専門的な方法ではありますが、**半跏趺坐**《はんかふざ》と言って、まず胡坐《あぐら》で坐《すわ》り、右足を左足のももの上に乗せるように組んで坐る。もしくは、**結跏趺坐**《けっかふざ》と言って、同じように胡坐から、まず左足を右ももの上に置き、次に右足を左ももの上に組んで座る。そのどちらも仏さまの坐り方とされています。

しかしこのやり方は慣れていないと大変だと思います。まずは楽な姿勢で始めてみましょう。イスに坐った状態でもいいですし、正座が落ち着く方もいらっしゃるでしょう。

「僧侶《そうりょ》の坐り方」をイメージすると、多くの方が法事などで正座をしている姿をイメージされます。しかし、この正座という坐り方は茶道の影響を受けた坐り方であるといわれています。本来の僧侶、特に密教としての坐り方としては、仏像が示しているように、半跏趺坐や結跏趺坐がふさわしいとされているのです。

じつは印《いん》というのは、手指を結んで何かの形を顕すだけではなく、手や腕を動かす仕草や、物も持ったりとさまざまな印があります。この印には「足」も含まれるのです。ですので、坐り方、坐法というのも仏さまの一つの印であり、仏に成るためには必要なことでしょう。

半跏趺坐や結跏趺坐で坐れば、敷いている座布団は自然と蓮華の座になるイメージができるでしょう。お寺の座布団の多くには蓮の花が描かれているのは実はそういう秘密があるわけです。**「自分は仏である」という姿勢をとり、真言を唱えることで究極の瞑想へと導かれていく準備ができるのです。**

もちろん、足を痛めていたり、足腰が不自由で半跏坐や結跏趺坐ができない方はその限りではありません。イスを使っていただいても結構です。そうでない場合は、寝転がったり、壁にもたれかかったりせず、できる範囲で足を組み、姿勢に気を付けて行いましょう。

また、**密教では、手は基本的に法界定印《ほうかいじょういん》という形にします。左の手の平の上に、右手を乗せて、親指同士をつけるような形で、如意宝珠を表します。親指と親指の間に紙一枚分のスキマを意識するといいでしょう。**

慣れないうちは念珠などでしっかりと数を取りましょう。

真言を唱える前の準備として、心を落ち着かせる呼吸法があります。

最初に、息をフーッと口から吐きます。吐き切ると、自然に息を吸いますから、新鮮な空気を鼻から吸います。新鮮な空気が肺に送られたら、また口から息を吐きます。吐き切ったらまた鼻から吸います。これを繰り返します。

何回繰り返すといった決まりはなく、自分が落ち着いてきたと思うまで繰り返しましょう。それから、真言を唱え始めるとよいでしょう。

実践　5段階の真言の唱え方

最初は声を出して真言を唱えるところから始めてみましょう。
専門的ですが、伝統的な唱え方には次の5種類の方法があります。

①　**声生念誦《しょうしょうねんじゅ》**
他人に聞こえるように唱えます。もし隣に坐っている人がいるとしたら、その人には確実に聞こえているくらい声を出して唱える方法です。これがもっとも一般的な方法でしょう。

②　**蓮華念誦《れんげねんじゅ》**
唱えた自分の声が、自分の耳に届く程度の、微音で唱える方法です。真言をスラ

スラ唱えられるようになってから始めましょう。

③ **金剛念誦**《こんごうねんじゅ》

声には出さずに、口だけ動かして唱える方法です。少し遠くから見ている人には、何か唱えてるのかな……とわかると思いますが、実際側にいっても声は聞こえません。

④ **三摩地念誦**《さんまじねんじゅ》

心の中で唱える方法です。口も動かしません。

⑤ **光明念誦**《こうみょうねんじゅ》

形としては、心の中で唱える三摩地念誦と同様ですが、真言が口から五色の仏さまの光となって、十方《じっぽう》に広がりすべてを照らしていくイメージをする方法です。我々阿闍梨は真言を唱えるときは、常にまぶしいほどの光で十方を照らしていきます。

この5つが密教独特の念誦法です。

真言を自分のものにする練習もこの順序で行うのがスムーズでしょう。最初は、しっかりと声を出して唱えることから始まり（①）、スラスラと舌が回るようになってきたら、暗唱できている段階でしょうから、声のボリュームを下げて自分に聞こえる程度にします（②）。それに慣れたら、もう声を出しません。口元もわずかに舌が動く程度で唱えます（③）。次は心の中で唱え続けます（④）。最終地点として、光を発する段階に達し光明念誦（⑤）になっていくのです。

光明念誦するには「暗記」が必須

光明念誦は、口から五色の大光明を発するイメージをします。やってみたいと思う人もいるかもしれませんが、そのためには**真言を暗記していることは絶対**です。テキストに頼っているようでは、光を出し続けることはできないでしょう。

仏さまの光明が消えては困ります。

テキストを確認するたびに消えたり点《つ》いたりしないようにしないといけません。仏さまと会話をするような、そんなイメージで話を聞いてもらいましょう。

私が企画している念誦会でも、最初の声生念誦を皆さんにしてもらっています。隣の2～3人に聞こえるくらいの声を出してもらいながら、約2時間ほど真言を唱え続けるのです。すると、多くの方が真言の三昧、マントラの世界に入ります。

真言というのは、一つの呪文《じゅもん》ですから、噛《か》んでいたり意味を気にしていたりでは、前に進みません。漫画などで魔法を操る主人公が呪文を噛んだら当然魔法はかかりません。ですから、真言は、本やメモを頼りにしなくてもスラスラ唱えられるようにすることが大切なのです。

暗記というものは、人によって得意不得意があるものです。

「自分は覚えが遅いなあ」と感じたとしても、誰かと比べる必要はありません。自分のペースというものがあります。地道にコツコツやっていくことが大切です。

どっぷり三昧の世界に入る

反復して真言を唱え続けることで、どうなるか。

一つの状態として、**三昧の世界**に入ります。今風に言えば、仏さまの世界に没入して意識がそこに集中するような感覚になるような感じです。

三昧というのは、「贅沢三昧《ぜいたくざんまい》」などというときによく使う言葉ですが、その世界に没入する、一点集中した状態という意味があります。心を集中して動揺しない状態。雑念が消し去られ、没入した状態です。

私自身もそうですが、三昧の境地にはなんともいえない心地よさがあるものです。

真言を唱え続けて三昧の世界を味わうことは、その真言を自分のものにできますし、仏さまにひたすら心を向けることで、たとえばイライラしていたことがどうでもよくなったり、雑念が取り払われるなど、瞑想的な効果を得られるでしょう。私の念誦会でも一つの真言を2時間集中して唱えていただいた後の参加者の方の顔は、どこかスッキリとして晴れ晴れした表情になっていると感じます。

一般の方が、「はじめて三昧の境地を経験した」とよくおっしゃるのが、結縁灌頂《けちえんかんじょう》という儀式です。「金剛界」と「胎蔵」の二つの曼荼羅世界の仏さまとのご縁を結ぶ真言宗の儀式になります。

簡単に説明すると、一人ひとりを曼荼羅の前に立たせ、目隠しをした状態で曼荼羅に向かって花を投げさせます。花の落ちたところの仏さまとご縁を結ぶという真言密教の儀式です。

花を投げる前にさまざまな作法がありますが、結縁を受ける方にまず真言をお授けします。この儀式の間、ずっと唱えるのです。

覆面をして視覚を奪われた状態の中、真言をずっと唱えて、自分と周りから聞こえてくる真言だけが響き続ける中、仏さまの世界に没入していくのです。一種現実感を喪失したような心地よい気持ちになります。

仏さまと一体化して、自分も仏さまと同じなのだと気づく。宇宙、真理を観じることができるでしょう。

真言を聞く

真言を聞くという行為は、神仏に心を寄せ、その世界に入るひとつのきっかけになります。

声明《しょうみょう》と言って、お寺での法事のような儀式の際、お経や真言に独特な節をつけて、僧侶が歌うように唱えるものがあります。真言と音楽の合わせ技といったところですが、それは奉納演奏となり、音楽を諸仏にお供えしていることになります。

法事で阿闍梨の声明を参列者が聞くことは、音楽に耳を傾けているようでありながら、実は真言を聞くことで、仏さまの説法を聞いているのです。

真言を節に乗せると覚えやすくもなります。特に、大勢で一斉に唱えるようなときには、皆さんが覚えやすいようにリズムをつけることはお寺ではよく行われています。

たとえば、毘沙門天《びしゃもんてん》の真言を大勢に唱えるときは、「オン　ベイシラマンダヤ　ソワカ」の最後を「カー」と延ばし、拍を合わせて、皆が揃って「オン」から唱えられるように工夫したりします。

不動明王といえば、**「ノウマク　サマンダ　バサラダン　センダマカロシャダ　ソワタヤ　ウン　タラタ　カンマン」**と唱える、慈救呪《じくしゅ》と呼ぶ真言が有名です。

もう一つ少し長い、火界呪《かかいじゅ》と呼ぶ真言があります。

「ノウマク　サラバタタギャティビャク　サラバボッケイビャク　サラバタ　タラタ　センダ　マカロシャダ　ケン　ギャキギャキ　サラバビ　ギナン　ウン　タラタ　カンマン」というもので倍くらいの長さがあります。

この長いほうに、拍をつけて節に乗せて唱えるようにすると、皆が唱えやすくなります。そのような方法で参拝者の方に一斉に真言を唱えてもらい、覚えやすくしているお寺もあります。

コラム

空海も修行した、無限の記憶力を得る「虚空蔵求聞持法《こくうぞうぐもんじほう》」をやってみた

密教修行を究めると、超能力が発揮され、テレパシー能力や、未来予知もできるといった都市伝説的な噂がまことしやかに囁《ささや》かれていたりします。そういうところにロマンを感じて真言に興味を持つ方もいるかもしれません。

私もそういう話は嫌いではありません。たくさんの修法を学んでいると、これだけの修行をすれば自分の五感の感覚も何もかも変わって、そういう摩訶《まか》不思議な力が開発されることもあるかもしれないなあ……と思わなくもありません。

しかしどの修法においても、尋常ではない数を唱えたり、一筋縄ではいかない。まあとんでもない修行ばかりだと申し上げておきましょう。

記憶力を増進させると伝える**虚空蔵求聞持法**《こくうぞうぐもんじほう》という修行があるとお伝えしました。「ノウボウ　アキャシャ　ギャラバヤ　オン　アリ　キャマリ　ボリ　ソワカ」という真言を百万遍唱える修行です。

私は高野山には8年ほどおりましたが、その期間の中で小求聞持法とでも呼びましょうか、少し数を減らした修行法をお授けいただきました。

高野山のはずれに眞別処《しんべっしょ》と呼ばれる修行道場があります。一般の方は基本的に入れず、外部からは遮断されています。

この道場で修行させていただきました。

何百回、何千回と唱えていくと、だんだん三昧《さんまい》に入っていきます。単に唱えるだけであれば、さほど苦ではないのですが、私としては念珠を持って数を取りながら唱えるというのが、なんとも面倒なことだったのです。「そんなこと?」と思うかもしれませんが、念珠を正しく扱うことも虚空蔵求聞持法に必要なことなのです。弘法大師空海が伝えた法の通りに修行しないと伝統ではないからです。

しかも、制限時間（決まった日数）があり、ダラダラと何日もかけてやってはならないですし、当然その期間の食事にも制限がありました。

念珠の玉の数は108個あります。親珠という大きめの珠を挟むように左右それぞれに54個ずつ連なります。

親珠から見て片側は修行者、衆生を表し、もう片側は仏さまを表しています。ですから、我々密僧が念誦するときには、片側の珠しか使いません。半分は仏で悟りに至っているから、いじる必要がないという意味があるからです。

片方の54の玉の途中、7個目の後と21個目の後に小さな玉があります。真言を1回唱える度に、指で一つ玉を送って行き、その小さな玉に来たときに今何回目だということが分かる仕組みです。片方の54個を送ったら、くるっと持ち替えて往復すると108回になります。

念珠の裾には、小さな玉が5つ二連になっています。108数えるたびに、その裾の球を一つずらします。ソロバンをはじいているようなもので、真言108回を10回、合計1080回ぐらいなら簡単に数えることができます。

しかし、**仏教では108を100として数えます。**8は消費税みたいなものでしょうか。カウントしない決まりです。修行で千回真言を唱えるとなれば、実際は108

0回唱えていることになります。

まあ気が遠くなるような、数を唱えたということです。途方もない数を唱えて果たしてどうなったか。

超人的な記憶力が得られたか？

ちょっとばかり忍耐強くなったかもしれませんが、凡人の私は記憶力がずば抜けてよくなった実感は得られませんでした。

しかし真言をひたすら唱えるというのは、もし最初は何かを得るために唱えていたとしても、不思議とそういうことを忘れていたり、どうでもよくなったりすることがあります。欲や自我から解き放たれた境地になる。まさに自分が仏に成ると観じられることが真言の醍醐味《だいごみ》なのかもしれません。

おわりに

この本を手に取っていただき、ありがとうございます。

日々の祈りの中、少しの時間しか確保できず、まとまりの悪い乱雑な文章になってしまったかもしれません。ただ想いはしっかりと文字に書き表せたと感じています。

私は中学を卒業してすぐ、和歌山県北部にあります密教の聖地高野山《こうやさん》へ移住し、高野山高校へ入学し密教を学びはじめました。高野山大学での学業と修行もあり、約8年間を高野山で過ごせたことはとても大きいものでした。

そんな修行の期間に、今回仏さまの絵を描いていただきました悟東《ごとう》あすかさんと出会いました。修行は男女別ですので、修行中の接点はほぼありません。まともに交流がはじまったのはお互い阿闍梨になって関東で再会してからになります。

ともに修行した仲間、戦友とこのような形で密教へのきっかけを皆さまにお示しすることができて、とてもうれしく想っております。

本文にも書きましたが「仏さまの真の言葉」とも呼ばれている真言の解説は本来するべきではないと私は考えています。それでもこのように真言の意味に触れたのは、ゲームに登場するような単純な呪文ではないことを示したかったからでもあります。

仏さまの大いなる功徳が真言の一字一字に含まれているので、解説しすぎないようにすること、解説しすぎればこれもまた、ただのゲームの呪文になってしまいます。

仏像に興味をもった方、色鮮やかに描かれた曼荼羅《まんだら》に魅せられた方、繊細な密教法具に魅かれた方、そして真の言葉である真言に魅かれた方。すべて密教への入り口だと考えています。どれも仏さまの説法であり、その説法に気づいた方がこうやって密教に触れていただける。そのお手伝いができたことにうれしく想っています。

皆さんの心の蓮華《れんげ》を咲かせる。心の仏さまと向かい合う。

この本を通してそんな時間を楽しんでもらえることを願っています。

合掌

小瀧　宥瑞

【著者プロフィール】

小瀧宥瑞（こたき・ゆうずい）

高野山真言宗の阿闍梨。

牧野山蓮乗院（神奈川県相模原市緑区牧野）住職。

1984年生まれ。2000年、高野山真言宗総本山金剛峯寺において得度。同年、高野山真別処円通律寺において受戒。2003年、高野山高等学校宗教科卒業。2005年、華道高野山一般華師範補任。2006年、高野山大学加行道場大菩提院において加行成満。同年、華道高野山伝統華師範補任。高野山宝寿院道場において伝法灌頂入壇了。2007年、高野山大学文学部密教学科卒業。

主に小野方、三宝院流を中心に一流伝授を受く。真言神道、野沢三十六箇流総許可を受く。密教には様々な仏さまがおり、そのすべての仏さまにそれぞれ違う拝み方がある。修行中にそんな密教の奥深さと楽しさを知り、全国様々な念誦会に足を運ぶ。寺社フェス「向源」に出仕。仏教へのきっかけ、仏教を身近なものにするために、寺院でのイベントやニコニコ超会議などで、積極的な活動を行っている。

著者としてはオラクルカード『日本の密教カード』（ヴィジョナリー・カンパニー）を出版しており、海外でも販売されるほどの人気商品。さらに密教カードの関係で真言念誦会を開催すると、毎回キャンセル待ちが出るほどの人気を博している。

監修書に『塗り絵でまなぶ美しい仏画』（ホビージャパン）がある。

すごい真言

2023年3月4日　初版発行
2024年7月17日　3刷発行

著　者　小瀧宥瑞
発行者　太田　宏
発行所　フォレスト出版株式会社
〒162-0824 東京都新宿区揚場町2-18　白宝ビル7F
電話　03-5229-5750（営業）
03-5229-5757（編集）
URL　http://www.forestpub.co.jp

印刷・製本　中央精版印刷株式会社

ISBN978-4-86680-219-0　Printed in Japan